T0208517

essentials

essentials liefern aktuelles Wissen in konzentrierter Form. Die Essenz dessen, worauf es als „State-of-the-Art" in der gegenwärtigen Fachdiskussion oder in der Praxis ankommt. *essentials* informieren schnell, unkompliziert und verständlich

- als Einführung in ein aktuelles Thema aus Ihrem Fachgebiet
- als Einstieg in ein für Sie noch unbekanntes Themenfeld
- als Einblick, um zum Thema mitreden zu können

Die Bücher in elektronischer und gedruckter Form bringen das Expertenwissen von Springer-Fachautoren kompakt zur Darstellung. Sie sind besonders für die Nutzung als eBook auf Tablet-PCs, eBook-Readern und Smartphones geeignet. *essentials:* Wissensbausteine aus den Wirtschafts, Sozial- und Geisteswissenschaften, aus Technik und Naturwissenschaften sowie aus Medizin, Psychologie und Gesundheitsberufen. Von renommierten Autoren aller Springer-Verlagsmarken.

Weitere Bände in der Reihe http://www.springer.com/series/13088

Monika Huber

Resilienz im Team

Ideen und Anwendungskonzepte für
Teamentwicklung

 Springer

Monika Huber
Walk the Change
Mannheim, Deutschland

ISSN 2197-6708   ISSN 2197-6716   (electronic)
essentials
ISBN 978-3-658-24989-2   ISBN 978-3-658-24990-8   (eBook)
https://doi.org/10.1007/978-3-658-24990-8

Die Deutsche Nationalbibliothek verzeichnet diese Publikation in der Deutschen Nationalbibliografie; detaillierte bibliografische Daten sind im Internet über http://dnb.d-nb.de abrufbar.

Springer ist ein Imprint der eingetragenen Gesellschaft Springer Fachmedien Wiesbaden GmbH und ist ein Teil von Springer Nature
Die Anschrift der Gesellschaft ist: Abraham-Lincoln-Str. 46, 65189 Wiesbaden, Germany

Was Sie in diesem *essential* finden können

- Basisstudien zum Resilienzkonzept
- Eine Erweiterung des Resilienzkonzeptes auf Teams
- Unterstützende neurowissenschaftliche Erkenntnisse
- Anwendung der Resilienzfaktoren auf Teams

Ein Danke an meine Eltern und meinen Vater.

Danksagung

Meine persönliche Metapher für Resilienz ist das japanische Kintsugi-Verfahren: Bei diesem wird eine zerbrochene Keramik mit Gold gekittet bzw. ausgebessert und wieder zusammengesetzt. Damit gewinnt die Keramik erheblich an Wert. Übertragen auf die Resilienz steigern wir unseren Wert nach einem Bruch in der Währung „Selbstwirksamkeit".

Bei meinem persönlichen Zugewinn an Resilienz möchte ich mich gerne bei vielen bedanken, die mich auf meinem Weg – wissentlich oder auch unwissentlich – unterstützt haben. Doch folgenden gilt mein besonderer Dank:
Helga Wethje, für ihren unerschütterlichen Optimismus
Julia Cattai, für ihren Vertrauensvorschuss
Gerhard Brunner, für seine Art das Leben zu feiern

Ihr seid eine Inspiration für mich.

Und ebenfalls ein großes Dankeschön an mein Beziehungsnetzwerk:
Claudia Schnell, Helga Reile, Manuela Vetterli, Carolin Best, Achim Donsbach, Jana Flommersfeld, Markus Dosch, Robert Fandert, Guido Dietrich, Petra Huber und viele mehr.

Mannheim   Monika Huber
15.10.2018

Inhaltsverzeichnis

Resilienz – eine Einführung

1

Fall down seven times, stand up eight.

Japanisches Sprichwort

In einer Arbeitswelt, in der immer mehr die Arbeitsdichte und damit die Arbeitsbelastung am Arbeitsplatz zunimmt, ist es umso wichtiger, stresstolerant und in Balance zu bleiben. Bisher wurde dafür auf Konzepte der Stressbalance gesetzt, doch knüpfen diese erst an der Stelle an, wenn schon ein erstes Stressverhalten vorhanden ist.

Dem gegenüber steht das Konzept der Resilienz, das einerseits davon ausgeht, dass ein widriger Umstand erst überwunden sein muss, um Resilienz zeigen zu können, und andererseits im Sinne einer vorbeugenden Maßnahme verstanden wird, wenn es um den Aufbau von Ressourcen geht. Daraus folgt, dass sich Resilienz trainieren lässt – durch Stärkung der Ressourcen und der psychischen Widerstandskraft. Meist werden diese Konzepte auf Einzelpersonen angewendet. Doch viele der Erkenntnisse aus der Resilienzforschung lassen sich auf Teams übertragen und sogar erweitern: Wenn z. B. die Ressourcen des Teams bewusst gemacht werden, wird die Resilienz im Team gefördert und damit ebenfalls die Selbstwirksamkeit. Zudem wird als Nebeneffekt die Entwicklung gefördert.

Der Fokus dieses Buches liegt auf dem Schwerpunkt, wie das Konzept der Resilienz und die sogenannten Resilienzfaktoren auf Teams angewendet werden können. Aspekte bzgl. resilienter Führung oder allgemeine Aspekte der Teamentwicklung werden im vorliegenden Buch außer Acht gelassen, da diese den Rahmen dessen sprengen würden, was in einer knappen Übersicht zu diesem spezifischen Thema möglich ist.

Die Zielgruppe für dieses Buch richtet sich an Teamentwickler und interessierte Führungskräfte, die sich mit dem Thema Resilienz und dessen Förderung im Team beschäftigen möchten und pragmatische Zugänge und Lösungen dazu suchen.

© Springer Fachmedien Wiesbaden GmbH, ein Teil von Springer Nature 2019
M. Huber, *Resilienz im Team,* essentials,
https://doi.org/10.1007/978-3-658-24990-8_1

Resilienzforschung und ausgewählte Studien zur Resilienz

2

Nichts ist so praktisch wie eine gute Theorie.

Kurt Lewin

Die Resilienzforschung ist eine sehr junge Disziplin und hat ihre Wurzeln in der Entwicklungspsychopathologie, die sich vor allem in den 1970ern Jahren mit den Risikoeinflüssen auf die Entwicklung von Kindern beschäftigte. In den entsprechenden Studien fiel es auf, dass sich einige Kinder trotz widriger Umstände und den entsprechenden Risiken doch gut entwickelt hatten; damit war die Basis gelegt für die Resilienzforschung. Daneben gibt es weitere Studien, die den Fokus auf das „Gesund sein" gelegt haben – und damit die bisherige pathologische Herangehensweise beeinflusst haben. Bekannt wurden vor allem diese beiden Studien, die in der aktuellen Literatur zum Thema Resilienz immer wieder genannt werden:

- Emmy Werners Kauai-Studie
- Aaron Antonovskys Studie zur Salutogenese

Aus dem Grund wird nachfolgend ein kurzer Abriss der beiden Studien und ihrer Bedeutung im Rahmen der Resilienzforschung gegeben. Im Anschluss werden ausgewählte Erkenntnisse aus der Neurowissenschaft eingeführt, die für das Verständnis der Resilienztheorie hilfreich sind. Damit wird die Grundlage für die Begriffsbestimmung zur Resilienz geschaffen.

© Springer Fachmedien Wiesbaden GmbH, ein Teil von Springer Nature 2019
M. Huber, *Resilienz im Team,* essentials,
https://doi.org/10.1007/978-3-658-24990-8_2

2.1   Emmy Werners Kauai-Studie

Eine über 40jährige Langzeitstudie, die von Emmy Werner auf der hawaiiani-
schen Insel Kauai mit 698 Menschen durchgeführt wurde, begleitete den Geburts-
jahrgang aus dem Jahre 1955 bereits pränatal, nach der Geburt, während der
Kindheit und bis ins reife Erwachsenenalter. Wie bei Studien üblich, wurde eine
These aufgestellt. In diesem Fall war die These, dass sich Kinder unter misslichen
Umständen erwartungsgemäß schlechter entwickeln als solche ohne diese Erleb-
nisse. Doch das überraschende an dem Ergebnis war, dass sich ca. ein Drittel der
Kinder ganz normal entwickelt hatten – trotz der widrigen Umstände. Diese Kinder wurden im Nachhinein als resilient bezeichnet. Dabei gilt es allerdings zu
beachten, dass es in dem gesamten Zeitrahmen nicht immer die gleichen Kinder
waren, sondern dass es zu den verschiedenen Zeitpunkten, an denen die Proban-
den zur Untersuchung bzw. Befragung vor Ort waren, unterschiedliche Kinder
bzw. Personen waren, die sich resilient gezeigt hatten. Aufgrund dieser Veränderungen wurde der Rückschluss gezogen, dass sich Resilienz im Laufe des Lebens
aneignen lässt – und nicht – wie bisher gedacht – angeboren ist.

Das Interesse von Emmy Werner lag dabei auf den biologischen und psycho-
sozialen Risikofaktoren, sowie auf den stressigen Ereignissen und Schutzfaktoren, die Einfluss auf die Entwicklung genommen haben. Mithilfe dieser Studie
konnten verschiedene Faktoren identifiziert und abgeleitet werden, die für eine
positive Entwicklung im Sinne der Resilienz hilfreich sind. Werner hat dazu drei
verschiedene Ebenen identifiziert, aus denen die sogenannten Schutzfaktoren ent-
stammen (das Gegenteil der Schutzfaktoren sind Risikofaktoren), die untereinander agieren und sich gegenseitig verstärken können. Dazu folgende Auswahl:

1. Schutzfaktoren aus dem Kind selbst: Beispielsweise hatten neben anderen
   Faktoren die Kinder meist ein angenehmes Temperament zu eigen, dass
   seitens des Umfelds weniger Stress auslöste.
2. Schutzfaktoren innerhalb der Familie: Die Kinder hatten meist mindestens
   eine Bezugsperson innerhalb der Familie, zu der eine enge Beziehung bzw.
   Bindung aufgebaut werden konnte.
3. Schutzfaktoren außerhalb der Familie: Die resilienten Kinder hatten meist
   einen nahen Freund außerhalb der Familie und nahmen ihre Lehrer als Vorbilder wahr.

Diese damals erstmals identifizierten Schutzfaktoren wurden immer wieder mit
weiteren Studien untermauert, wie z. B. mit der Mannheimer-Risikokinder-Studie
von Manfred Laucht und Mitarbeitern, die Kinder, die zwischen 1986 und 1988
geboren wurden, ab dem dritten Monat bis zum elften Lebensjahr, begleitete. Der

wissenschaftliche Beitrag dieser Studie ist damit immens, denn auch aus heutiger Sicht bilden immer noch einige Rückschlüsse aus dieser Studie die Basis für das aktuelle Resilienzkonzept. Dazu folgende Erkenntnisse:

- Während der Langzeitstudie auf Kauai wurde festgestellt, dass es nicht immer die gleiche Personengruppe war, bei denen Resilienz festgestellt wurde. Sondern, dass es unterschiedliche Lebensphasen waren: Z. B. waren einige im Erwachsenenalter resilient, während andere in der Gruppe dies in der Kindheit waren. Diese Erkenntnis erlaubt den Rückschluss, dass Resilienz nicht vererbt wird, sondern im Sinne eines Entwicklungsprozesses erlernbar ist.
- Die identifizierten Schutzfaktoren aus der Werner Studie sind in der Zwischenzeit weiterentwickelt worden und finden sich in den Resilienzfaktoren wieder. Letztere bilden eine wichtige Basis, wenn es darum geht, Resilienz zu erlernen: Wenn z. B. in der Entwicklung eine Bezugsperson als ein Schutzfaktor identifiziert worden ist, findet sich das beim Resilienzfaktor „Netzwerk und Beziehungen gestalten" wieder.

2.2   Aaron Antonovskys Studie zur Salutogenese

Eine weitere Studie, die auch heute noch als wegweisend für die Initiierung der Resilienzforschung ist, ist die Studie des Medizinsoziologen Aaron Antonovsky. Dieser hat unter dem Begriff der Salutogenese einen Paradigmenwechsel herbeigeführt, der seinesgleichen sucht: Statt sich auf das bisher übliche pathologische Vorgehen zu konzentrieren, in dem meist die Ursachen für Krankheiten untersucht werden, hat Antonovsky den Untersuchungsschwerpunkt verlagert auf die förderlichen Ressourcen von Menschen und auf die Frage, was letztendlich Menschen hilft, schwierige Bedingungen zu überwinden und gesund zu bleiben. Damit wurde als neue Wortschöpfung der Begriff der Salutogenese geprägt, der als „Gesundheitsentstehung" übersetzt werden kann („Salus" bedeutet Gesundheit und Heil und „generare" erschaffen und erzeugen im Lateinischen).

Für die Studie, die in den 1970er Jahren durchgeführt wurde, wurden Frauen in Israel mit unterschiedlicher ethnischer Herkunft aus den Jahrgängen 1914 bis 1923 über die Auswirkungen der Wechseljahre befragt. Ein Teil der Frauen stammte ursprünglich aus Zentraleuropa und war in Konzentrationslagern inhaftiert gewesen. Das Ergebnis war überraschend: Denn obwohl einerseits – wie erwartet – die Belastungen aus dieser Zeit sich gesundheitlich stärker ausgewirkt hatten, waren 29 % der vormals inhaftierten Frauen – trotz dieser traumatischen Erfahrungen – in einer guten psychischen Verfassung.

Basierend auf diesem Ergebnis entstand die salutogenesische Fragestellung, warum Menschen trotz widriger und schwieriger Umstände gesund bleiben bzw. es schaffen, sich wieder zu erholen. Daraus hat Antonovsky das Kohärenzmodell abgeleitet, das Antworten dazu liefert.

Der Begriff Kohärenz bedeutet Zusammenhang und Stimmigkeit. Das Kohärenzgefühl ist nach Antonovsky „...eine globale Orientierung, die das Ausmaß ausdrückt, in dem jemand ein durchdringendes, überdauerndes und dennoch dynamisches Gefühl des Vertrauens hat, dass erstens die Anforderungen aus der inneren und äußeren Erfahrenswelt im Verlauf des Lebens strukturiert, vorhersagbar und erklärbar sind und dass zweitens die Ressourcen verfügbar sind, die nötig sind, um den Anforderungen gerecht zu werden. Und drittens, dass diese Anforderungen Herausforderungen sind, die Investition und Engagement verdienen." (Antonovsky, zitiert in Bengel, Lyssenko 2012, S. 16).

Dabei basiert das Kohärenzgefühl auf den folgenden drei Komponenten:

* Gefühl von Verstehbarkeit („sense of comprehensibility"): Im Sinne Antonovskys wird darunter verstanden, dass Menschen kognitiv Geschehnisse für sich verarbeiten und bewerten können. Damit wird eine innere Logikkette aufgebaut, die dabei unterstützt, Zusammenhänge zu erkennen.
* Gefühl von Handhabbarkeit bzw. Bewältigbarkeit („sense of manageability"): Sobald die Überzeugung bzw. auch der Glaube vorhanden sind, dass sich Anforderungen mit eigenen Ressourcen und Kompetenzen bewältigen lassen, wird dieses Gefühl gestärkt. Antonovsky nennt dies auch das instrumentelle Vertrauen in die eigenen Fähigkeiten.
* Gefühl von Sinnhaftigkeit bzw. Bedeutsamkeit („sense of meaningfulness"): Aus Sicht Antonovsky ist dies die wichtigste Komponente, da sich diese mit dem Sinn des eigenen Lebens beschäftigt: Ist die eingesetzte Energie und Mühe es wert, sich den Problemen und Herausforderungen zu stellen? Oder ist keine entsprechende Motivation gegeben? Dann erscheint auch das Leben weder sinnvoll noch bedeutsam.

Abb. 2.1 zeigt modellhaft, worauf das Kohärenzgefühl basiert.

Bezogen auf die Resilienz ist das Ergebnis der Studie äußerst hilfreich, da damit ein kognitiver Ansatz unterstützt wird, der sich mit der essenziellen Frage des Lebens beschäftigt: der Sinnfrage. Das Kohärenz-Modell liefert dafür wichtige Hinweise, wenn es darum geht, Krisen und widrige Umstände kognitiv zu meistern.

Zudem wurde ein Paradigmenwechsel initiiert: Vom pathologischen Ansatz hin zu einem Ansatz, der Gesundheit als ständigen Prozess der Auseinandersetzung mit der Umwelt unter Zuhilfenahme eigener Ressourcen versteht. Dieser

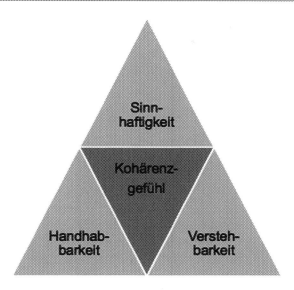

Abb. 2.1 Kohärenz- Modell. (Quelle: Wikipedia https://de.wikipedia.org/wiki/Salutogenese Zugriff am 08.11.2018)

Grundgedanke fließt auch in die Resilienzforschung ein: Resilienz wird als ein dynamischer Prozess verstanden, der präventiv initiiert werden kann, um Ressourcen zu erwerben für etwaige Krisen.

Neben diesem salutogenesischen Konzept gibt es weitere wissenschaftliche Erkenntnisse, vor allem aus neurowissenschaftlicher Sicht, die das Resilienzkonzept unterstützen. Dazu mehr im nächsten Kapitel.

2.3   Unterstützende neurowissenschaftliche Erkenntnisse

In den letzten Jahren sind einige neurowissenschaftlichen Erkenntnisse gemacht worden, die die Resilienztheorie und abgeleitete Konzepte unterstützen und damit neue Zusammenhänge herstellen und verständlich machen. Dabei greift die Resilienzforschung aus neurowissenschaftlicher Sicht oftmals auf die bisherigen Erkenntnisse der Stressforschung zurück, da die aktive Verarbeitung und Bewertung von Stressauslösern bzw. Stressfaktoren ein Schlüsselelement der Resilienz ist. Im Folgenden werden ausgewählte Erkenntnisse zu folgenden Themen herangezogen:

- Erkenntnisse aus der Stressforschung
- Erkenntnisse zu psychischen Grundbedürfnissen
- Erkenntnisse von Hin-zu und Weg-von-Reaktionen
- Erkenntnisse zum Bewertungssystem und der Neuroplastizität

2.3.1 Erkenntnisse aus der Stressforschung

▶   Welche Erkenntnisse aus der Stressforschung sind hilfreich, um die Resilienztheorie besser zu verstehen?

Die Stressforschung geht davon aus, dass die Auslöser von Stress, sogenannte Stressoren, sehr individuell bewertet werden. D. h., ein Stressor wie z. B. das Arbeiten in einem Großraumbüro muss nicht immer zu Stressreaktionen führen. Es gilt hierbei der Grundsatz, dass Stressoren an sich nicht per se negativ zu betrachten sind, sondern dass erst die entsprechende individuelle Bewertung dazu den Ausschlag gibt. Abb. 2.2 zeigt die mögliche Bewertung eines Stressors.

Im Falle dessen, dass der Stressor eine negative Bewertung und damit Stress auslöst, hat der menschliche Körper natürliche Prozesse und Mechanismen entwickelt, um mit dem ausgeschütteten Hormoncocktail umzugehen und diesen entsprechend im Körper zu verarbeiten.

Aus neurowissenschaftlicher Sicht ist diese Art und Weise der Verarbeitung von (gefährlichen) Reizen ein biologisches Erbe aus früheren Zeiten, denn das Überleben der Menschen in der Wildnis war von der Geschwindigkeit der Reizverarbeitung im Gehirn abhängig: d. h., je schneller die Reaktion auf Gefahr erfolgte, umso höher die Überlebensrate. Diese Reaktion wird Kampf-oder-Flucht-Reaktion genannt und beschreibt die schnelle körperliche Anpassung an

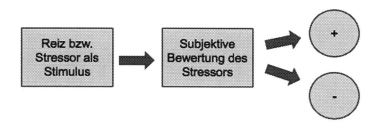

Abb. 2.2 Stressor und mögliche Bewertungen. (Eigene Darstellung)

die Situation. Dabei helfen Emotionen, die Situation anhand der Reize unmittelbar zu bewerten.

▷   **Wie sieht eine Reizverarbeitung von Stressoren aus?**

Die Verarbeitung von Reizen geht in zwei Stufen von sich: Die primäre Reizverarbeitung erfolgt teilweise im Unbewussten als Bestandteil der Amygdala. Diese „prüft" innerhalb von Millisekunden, ob etwas bedrohlich für das System ist. Erst die sekundäre Reizverarbeitung erlaubt es, gespeicherte Informationen aus Vorerfahrungen abzurufen und die bestehende Situation damit zu vergleichen. Diese erfolgt mithilfe des Hippocampus und (etwas zeitversetzt) dem präfrontalem Kortex. An dieser Stelle wird eine Entscheidung gefällt, ob eine „Gefahr" oder „keine Gefahr" besteht. Im Falle von „Gefahr" werden automatische Routinen und Reaktionsmuster initiiert, die das Ziel haben, den Körper vorzubereiten – auf Flucht oder Kampf. Unter anderem aktiviert der Hypothalamus den Sympathikus, der wiederum eine Kaskade von Hormonausschüttungen initiiert, um letztlich auf die Organe einzuwirken. So hemmt beispielsweise das Cortisol das Immunsystem, unterdrückt Entzündungen und unterstützt die Neubildung von Glukose, um Energie im Ernstfall parat zu haben. Ein erhöhter Blutdruck sorgt für eine bessere Durchblutung der Muskeln, während die Energieversorgung von Magen- und Geschlechtsorganen gehemmt wird.

Aus heutiger Sicht unterstützt die Cortisolausschüttung die Leistungsfähigkeit des Menschen: im Fall einer optimalen Erregung, ist diese hilfreich, um effektiv und produktiv zu sein. Doch im Falle einer Übererregung wird die Denkleistung des präfrontalen Kortex – und damit das bewusste Denken – gehemmt, und bewährte und altbekannte Reaktionsmuster, gesteuert aus dem Stammhirn, laufen automatisch ab und steuern den Körper.

Ob Stress als Distress – negative Stressoren – oder als Eustress – positive Stressoren – empfunden wird, darüber entscheidet die eigene Bewertung. Der Körper hat zudem Mechanismen entwickelt, um mithilfe des Parasympathikus den Hormoncocktail abzubauen und zu verarbeiten.

▷   **Welches Stressmodell unterstützt diese neurowissenschaftlichen Erkenntnisse?**

Diese neurowissenschaftlichen Erkenntnisse finden in anderen Modellen wie z. B. dem transaktionalen Stressmodell nach Richard Lazarus, ein gängiges Modell zur Stressbewältigung, Einzug und Erweiterung. Nach einer Filterung der Reize werden die Stressoren, je nach Kontext, bisherigen Erfahrungen und körperlicher

Verfassung, subjektiv bewertet. Ist das Ergebnis der primären Bewertung „gefähr-lich", erfolgt je nach verfügbaren Ressourcen eine weitere sekundäre Bewertung, die bei mangelnden Ressourcen zu negativem Stress führt und entsprechende Coping-Strategien – diese werden weiter unten erläutert – zum Einsatz kommen. Abb. 2.3 zeigt eine vereinfachte Darstellung des Stressmodells.

An der Stelle darf betont werden, dass es bei der zweiten Bewertung mit genügend Ressourcen zum Eustress kommen kann und damit der Stressor posi-tiv bewertet wird und im weiteren Sinne auch zum Ressourcenaufbau beiträgt. Im Falle von mangelnden Ressourcen tritt Distress auf und Coping-Strategien (aus dem Englischen „etwas bewältigen") werden notwendig. Coping-Strategien implizieren einen positiven Umgang mit Stressoren und sind Bestandteil des Kon-zeptes zur Stressbalance.

Dabei werden generell zwei Ansätze zur Bewältigung unterschieden: Entwe-der kann das Problem aus eigener Kraft gelöst werden oder die eigene Einstel-lung zum Problem kann verändert werden. Beide Coping-Strategien unterstützen den eigenen Lernprozess im Umgang mit Stressoren und fördern damit die Resi-lienz. Aus neurologischer Sicht findet eine kognitive Neubewertung statt. Diese kann folgende vier Ausprägungen haben (Vgl. Rock 2011, S. 172 ff.):

- Neuinterpretation: Dies bedeutet eine bewusste Entscheidung, dass ein ursprünglich als gefährlich eingestuftes Ereignis es nicht mehr ist.
- Normalisierung: Mit einer Normalisierung werden Stress-Situationen als „normal" dargestellt und zum Beispiel mithilfe einer Erläuterung akzeptiert. Damit werden Situationen in Bezug zueinander gesetzt und relativiert.
- Neuordnung von Informationen: Bei einer Neubewertung von Gegebenheiten ist viel Energie notwendig, um neue mentale Landkarten (mithilfe der synap-tischen Verbindungen werden Neuronenmuster angelegt, die abrufbar sind) zu

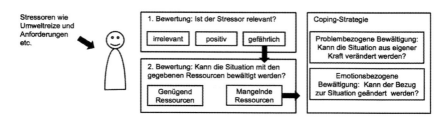

Abb. 2.3 Stressmodell nach Lazarus. (Vgl. Struhs-Wehr 2017, S. 44 f.)

erzeugen. Diese wiederum unterstützen bei der Strukturierung und Re-Konfiguration neuer Ordnungen im Gehirn.

- Neupositionierung: Diese baut auf der Neuordnung auf, die mithilfe eines Perspektivenwechsels auf sich selbst am effektivsten gestaltet werden kann. Damit kann eine neue Position geschaffen werden.

All diese verschiedenen Möglichkeiten der Neubewertung unterstützen den Prozess der Stressbalance bzw. die ursprüngliche Reaktion auf Gefahr. Damit einher geht ein dynamischer Prozess, um Resilienz zu trainieren – durch eine kognitive Neubewertung.

Darüber hinaus gibt es weitere neurowissenschaftliche Prinzipien, deren Kenntnis für die Resilienz im Team förderlich ist.

2.3.2   Erkenntnisse zu psychischen Grundbedürfnissen

▶ Welche neurowissenschaftlichen Erkenntnisse zu den Grundbedürfnissen sind für die Resilienztheorie relevant?

Laut dem Neuropsychotherapeuten Klaus Grawe strebt das menschliche System nach Konsistenz in seinen psychischen Grundbedürfnissen, um gesund zu sein. Die Basis sind motivationale Schemata, die sich Menschen im Laufe der Entwicklung bewusst und unbewusst aneignen – aufgrund von gemachter Erfahrung, um ihre Bedürfnisse zu befriedigen. Die motivationalen Schemata bestimmen das Erleben und Wahrnehmen der Umwelt und können sich durch eine Aktion des Annäherns oder des Vermeidens äußern. Dazu ein Beispiel: Wenn das Bedürfnis nach Kontrolle und Orientierung im äußeren Erleben und Verhalten gut gedeckt werden kann, da ausgeführte Handlungen, wie z. B. einer Bitte an den Kollegen, der entsprochen wird – zu dem erwarteten Ziel führen, erlebt dieser Mensch sich als selbstwirksam und unterstützt das Annäherungsschemata. Diese positiven Kontrollerfahrungen tragen wesentlich zur Bildung des eigenen Selbstwertes bei, das sich auf der Systemebene Mensch positiv auswirkt. Mit der Heranbildung des Menschen werden unterschiedliche Erfahrungen gemacht, die sich überlagern, und nicht mehr einzelnen Handlungen bzgl. der Ziele zugewiesen werden können. Erlebt sich ein Mensch allerdings nicht als selbstwirksam, da z. B. ein Grundbedürfnis nicht erfüllt werden kann, dann entstehen daraus Muster im Verhalten, die genau diesen Mangel immer wieder herstellen (Vgl. Grawe 2004, S. 208 f.).

Damit Grundbedürfnisse sicher erfüllt werden können, muss vorher auf der Systemebene Mensch ein Mangel im Sinne einer Inkonsistenz signalisiert werden. Gemäß dem Konsistenzprinzip werden daraus Handlungen bzw. Anreize abgeleitet, die die Bedürfnisse decken. Abb. 2.4 zeigt eine vereinfachte Darstellung zu Grawes Konsistenzprinzip und den psychischen Grundbedürfnissen (Vgl. Grawe 2004, S. 189).

Im Folgenden werden vor allem die Berührungspunkte mit der Resilienztheorie erläutert, die sich aus den Grundbedürfnissen und deren Befriedigung nach Konsistenz ergeben.

Grawe geht davon aus, dass Menschen zielorientiert agieren, um ihre Bedürfnisse zu befriedigen und dafür Inkonsistenzen einen Anschub leisten. Denn inkonsistente Zustände werden von Systemen vermieden. Dafür sind Vorgaben notwendig, die erfüllt werden. Werden diese im Sinne einer positiven Kontrollerfahrung erfüllt, wird die Selbstwirksamkeit gefördert (Vgl. Grawe 2004, S. 191). Dies erlaubt das Entdecken und Entwickeln von weiteren flexiblen Mechanismen zur Bedürfnisbefriedigung. Aus neurologischer Sicht wird Dopamin ausgeschüttet, und es bahnen sich Wege im Gehirn, die mentale Landkarten bilden (Vgl. Grawe 2004, S. 358).

Ständige Inkonsistenzerfahrungen und ein Nicht-Erfüllen der Bedürfnisse verhindern dagegen die Möglichkeit einer positiven Bedürfnisbefriedigung und schränken die Fähigkeit ein, „...spätere Belastungen im Leben positiv zu bewältigen." (Grawe 2004, S. 192). Damit haben diese Erfahrungen Auswirkung auf die

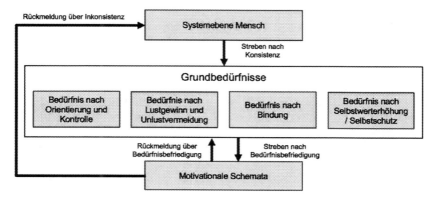

Abb. 2.4 Grawes Grundbedürfnisse. (Vgl. Grawe 2011, S. 189)

Resilienz. Wie das genau aussehen kann, wird beispielhaft an dem Grundbedürfnis Bindung im nächsten Abschnitt erläutert.

▶ **Wie wirkt sich das psychische Grundbedürfnis nach Bindung aus?**

Das Bindungsbedürfnis spielt eine große Rolle, wenn es um die Entwicklung der eigenen Selbstwirksamkeit geht. Untersuchungen zeigen, dass sich Menschen positiv entwickeln, wenn diesem Grundbedürfnis bereits bei Babys im Sinne von Nähe und Zuneigung positiv entsprochen wird. Dies hat Auswirkungen auf „…ihr Selbstvertrauen, ihr Selbstwertgefühl, ihre Selbstwirksamkeitserwartungen, ihre Resilienz (Robustheit) bei Belastungen und insbesondere ihr zwischenmenschliches Beziehungsverhalten und die Qualität ihrer Beziehungen…" (Grawe 2004, S. 208). Neurowissenschaftlich ist dies ebenfalls erkennbar, da das Hormon Oxytocin ausgeschüttet wird. Dieses macht uns vertrauensvoll, fördert soziales Verhalten unterstützt die emotionale Regelung. Aus dem Grund gibt es verschiedene mentale Landkarten für „Feinde" oder „Freunde", da andere Schaltkreise miteinander verknüpft sind: Der für Feinde sorgt für eine Weg-von-Reaktion, der für Freunde für eine Hin-zu-Reaktion. Letzterer verstärkt die Wirkung der Spiegelneuronen, während der andere die Spiegelneuronen unterdrückt und damit weniger Mitgefühl und Empathie möglich ist, was auch automatisch zu einer Weg-von-Reaktion führt. Zudem bewirken positive Beziehungen eine Leistungssteigerung.

Erkenntnisse von Hin-zu- und Weg-von-Reaktionen Laut Dr. Evian Gordon basieren „…sämtliche menschliche Handlungen… auf der Entschlossenheit des Gehirns, Gefahr zu minimieren und Belohnung zu maximieren." (Rock 2011, S. 143). Das führt dazu, dass das Gehirn die aufgenommenen Reize nach genau dem Gefahrvermeidungs- und Belohnungsprinzip überprüft und entsprechend entscheidet. Damit einhergehend kann der Schluss gezogen werden, dass Menschen eher in der gewohnten und bekannten Komfortzone bleiben, um sich nicht auf Neues und/oder Unbekanntes einzustellen, denn das kostet Energie. Letztere kann eingespart werden, wenn (Denk-)Routinen eingeführt werden.

Die beiden Prinzipien der Gefahrminimierung und Belohnungsmaximierung führen zu sogenannten Hin-zu- oder Weg-von-Reaktionen, wobei hauptsächlich das limbische System diese Entscheidungen fällt. Wenn Hin-zu-Reaktionen bei Menschen gelingen, weil diese z. B. neugierig auf etwas sind oder Freude haben, dann wird Dopamin, ein Neurotransmitter, ausgeschüttet. Zudem wird damit auch die Bildung der mentalen Landkarten unterstützt und stabilisiert.

Weg-von-Reaktionen führen zu erhöhten Cortisolwerten im Blut, die lebenswichtige Funktionen aktivieren. Je mehr die Weg-von-Reaktion nachlässt, umso stärker sinken die Cortisolwerte im Blut.

2.3.3 Erkenntnisse zu Bewertungssystemen und der Neuroplastizität

▶   Was unterscheidet das Bewertungssystem von resilienten Menschen von anderen?

Aus Raffael Kalischs ausgeführter PAS-Theorie (Positive Appraisal Style) ist bekannt, dass die Bedrohungsbewertung, also die subjektive Bewertung einer Situation bei resilienten Menschen im Allgemeinen als eher positiv eingestuft wird – im Vergleich zu Menschen, die sozusagen nicht-resilient sind. Sprich resiliente Personen bewerten Reize und Situationen im Allgemeinen positiver als es die realistische Situation wäre, als es nicht resiliente Personen tun würden. Abb. 2.5 zeigt Kalischs Darstellung, wobei die „0" für die realistische Bewertung von Situationen steht (Vgl. Kalisch 2017, S. 135 f.).

Das Erstaunliche ist, dass sich dieses Bewertungssystem mit dem Erleben von Krisen und Widerständen sozusagen anpasst und „mitwächst", denn das Gehirn ist neuroplastisch veranlagt. Damit ist gewährleistet, dass bis ins hohe Alter neue mentale Landkarten in den Gehirnen entstehen können. Mit Hilfe von mentalen Landkarten werden zusammenhängende Informationen im Gehirn abgespeichert, z. B. für Bewegungsabläufe. Dies geschieht umso leichter, wenn das zu erlernende

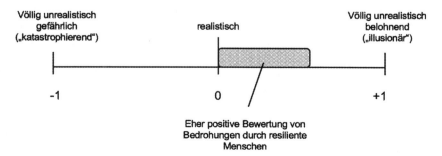

Abb. 2.5 Kalischs Darstellung der Bedrohungsbewertung durch resiliente Menschen. (Vgl. Kalisch 2017, S. 135)

Freude bereitet, da einhergehend die Dopamin-Ausschüttung angeregt wird, die die Bahnung der mentalen Landkarten im Gehirn unterstützt.

Der Fakt, dass die Neuroplastizität bei positivem Kontrollerleben die Resilienz fördert, wird unterstützt durch die Information, dass sich Stress- und Belohnungssystem gegenseitig hemmen: Im Falle, dass potenzielle Belohnungen in Aussicht stehen, wird das Belohnungssystem aktiviert und zugleich das Stresssystem zur Wahrnehmung von Stressoren gehemmt. Daraus könnte zudem der Schluss gezogen werden, dass Menschen, die schwierige Situationen nicht als solche bewerten, auch resilient bleiben. Aus neurowissenschaftlicher Sicht wird diese Sichtweise unterstützt. Sie ist allerdings noch nicht vollumfänglich durch Studien bestätigt.

Diese ausgewählten neurowissenschaftlichen Erkenntnisse bilden eine weitere Basis für die folgende Begriffsbestimmung der Resilienz.

Begriffsbestimmung Resilienz

3

Unsere größte Schwäche liegt im Aufgeben. Der sichere Weg
zum Erfolg ist immer, es doch noch einmal zu versuchen.

Thomas Edison

Basierend auf den Studien und den gewonnenen Erkenntnissen aus den obigen Kapiteln wird im Folgenden Resilienz definiert – soweit es der aktuelle Stand der Wissenschaft es erlaubt. Da die Resilienzforschung erst seit knapp 20 Jahren als eigene wissenschaftliche Disziplin gilt, werden noch weitere Ergebnisse aus den laufenden Studien erwartet.

Das Wort Resilienz stammt von dem Englischen „resilience" ab und bedeutet „Spannkraft, Elastizität und Widerstandskraft". Verwendet wurde es überwiegend, um eine Materialbeschaffenheit zu bestimmen: Wenn auf ein Material Druck ausgeübt wurde und das Material nach der Druckperiode wieder die Ursprungsform angenommen hat, dann wurde dieses Material als resilient bezeichnet.

In den allgemeinen Sprachgebrauch ist Resilienz im Sinne einer „psychischen Widerstandskraft" oder im Duden als „…die Fähigkeit, schwierige Lebenssituationen ohne anhaltende Beeinträchtigungen zu überstehen…" (Duden „Resilienz" 2018) eingegangen. Mit diesen Erläuterungen geht implizit die Annahme einher, dass es zunächst eine Risiko-, bzw. Krisensituation gegeben haben muss, die mithilfe der vorhandenen Ressourcen und Fähigkeiten bewältigt wurde, um resilient zu sein. Sprich, Resilienz zeigt sich erst im Prozess der Bewältigung, bzw. in der Rückschau und ist keine angeborene Fähigkeit. Resilienz wird zudem bereichsspezifisch erworben und kann nur teilweise von einem Lebensbereich in den anderen übertragen werden. Abb. 3.1 zeigt den Entwicklungsprozess zu Resilienz.

Das Resilienz-Konzept ist damit ein dynamischer, aktiver Prozess, da sich Menschen an Widrigkeiten aktiv anpassen können. Ausschlaggebend für Resilienz ist dabei „…die Aufrechterhaltung oder schnelle Wiederherstellung der

© Springer Fachmedien Wiesbaden GmbH, ein Teil von Springer Nature 2019
M. Huber, *Resilienz im Team*, essentials,
https://doi.org/10.1007/978-3-658-24990-8_3

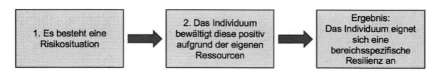

Abb. 3.1 Entwicklung der Resilienz. (Eigene Darstellung basierend auf Fröhlich-Gildoff und Rönnau-Böse 2015, S. 10)

psychischen Gesundheit während und nach Widrigkeiten." (Kalisch 2017, S. 28). Dabei gilt es zu beachten, dass Resilienz nicht nur in Krisen zum Einsatz kommt, sondern auch eine wichtige Rolle in natürlichen Entwicklungsprozessen spielt, um die eigene Selbstwirksamkeit zu fördern. Diese wird definiert als ein „…Vertrauen in die eigenen Fähigkeiten und verfügbaren Mittel und die Überzeugung, ein bestimmtes Ziel auch durch Überwindung von Hindernissen erreichen zu können…" (Fröhlich-Gildhoff und Rönnau-Böse 2015, S. 46). Die Entwicklung der Selbstwirksamkeit ist im Menschen angelegt und kann bereits sehr früh im Leben erworben worden. Grawe spricht sogar von einem Grundbedürfnis nach Orientierung und Kontrolle, das jeder Mensch in sich trägt (Vgl. Grawe 2004, S. 230 ff.). Wird dieses Bedürfnis im Sinne einer positiven Kontrollerfahrung nach einer initiierten Handlung befriedigt, dann führt dies zu einer positiven Selbstwirksamkeit. Dabei geht es nicht nur um aktive Handlungen, die die Selbstwirksamkeit beeinflussen, sondern auch um die eigenen Erwartungen, die auf mentaler Ebene bestätigt werden. Mit dieser Bestätigung werden im Gehirn wieder Neurotransmitter ausgeschüttet, die entsprechende Bahnen als Bestandteil der mentalen Landkarten im Gehirn erzeugen. Die Entwicklung dessen beginnt bereits im Kindesalter.

▷   Was sind die positiven Folgen der Resilienz?

Dazu folgende Auflistung:

- Resilienz unterstützt bei den notwendigen Anpassungsprozessen, um Krisen bzw. widrige Umstände in verschiedenen Lebensbereichen (z. B. körperliche, soziale, mentale und gesellschaftliche) zu meistern. Unter Umständen kann die gewonnene Resilienz in einem Bereich auf einen anderen übertragen werden und damit weitere Handlungsoptionen transparent gemacht werden.
- Die eigenen Ressourcen werden bewusst gemacht und damit auch ein Verständnis dafür gefördert, wie diese gestärkt werden. Es gilt das Prinzip, die „Stärken zu stärken".

- Die erworbene Resilienz unterstützt nicht nur in den diversen Entwicklungsprozessen, sondern auch im Umgang mit alltäglichen Stresssituationen. Aufgrund zunehmender Arbeitsdichte ist dies ein wichtiger Aspekt vor allem im beruflichen Kontext.

- Aus Sicht der Resilienzforschung und der damit verbundenen Verbreitung der Ergebnisse können sich mithilfe der Anwendung des Konzeptes stressbedingte Erkrankungen verringern, sowie die eigene Selbstwirksamkeit erhöht werden, aufgrund einer verbesserten und bewussten Ressourcenförderung – auf individueller und Teamebene.

Im folgenden Kapitel werden kurz die Team-relevanten Begriffe eingeführt und das Verständnis zur Resilienz im Team vertieft.

Teamarbeit und Resilienz im Team

4

*Um etwas leisten zu können, muss jeder seine Tätigkeit
für wichtig und gut halten.*

Leo Tolstoi

Über Teams und deren Zusammensetzung ist schon viel geschrieben worden.
Deshalb wird an dieser Stelle lediglich auf einige wesentliche Aspekte eingegangen, die in diesem Kontext hilfreich sind.

4.1 Über Teams und Teamarbeit

Im Duden wird der Begriff Team definiert als eine „…Gruppe von Personen, die
gemeinsam an einer Aufgabe arbeiten." (Duden 2018). Generell ist ein Team ein
dynamisches, produktives, soziales System (Vgl. Poggendorf, S. 28 f.): Die Teammitglieder sind soziale Wesen, die miteinander in Beziehung stehen und Inter-
aktionen ausführen, die produktive Ergebnisse zum Ziel haben. Der Erfolg und die
Leistung eines Teams hängt dabei oftmals davon ab, wie gut das Team die interne
Gruppendynamik für sich nutzt, um eine Aufgabe zu erfüllen. Dabei gilt die Grund-
idee der Teamarbeit, dass das Zusammenwirken aller Teammitglieder ein Ergebnis
ermöglicht, das jeder Einzelne für sich nicht hätte erreichen können. Teamarbeit ist
vor allem dann die präferierte Arbeitsweise, wenn die Komplexität zunimmt und den
Mitarbeitern die Gelegenheit gegeben wird, „…bei ihrer Arbeit mehr Gestaltungs-
spielräume und Mitwirkungsmöglichkeiten zu haben." (Poggendorf, S. 30).

Aus systemischer Sicht verstehen sich die Mitglieder eines Teams konsequenter-
weise als eine soziale Einheit bzw. Element in einem organisatorischen System.
Dabei gehören das jeweilige System und seine Elemente systemisch zueinander
und beziehen sich aufeinander: „Denn um ein effizientes Team aufzubauen, muss

© Springer Fachmedien Wiesbaden GmbH, ein Teil von Springer Nature 2019
M. Huber, *Resilienz im Team,* essentials,
https://doi.org/10.1007/978-3-658-24990-8_4

man auf den Einzelnen schauen, ihn einbinden und qualifizieren... (und) ...um den Einzelnen effizient zu fördern, braucht man ein qualifiziertes Team." (Poggendorf, S. 22). Teamentwicklung findet damit immer auf zwei Ebenen statt: auf der Ebene der Einzelpersonen und auf der Ebene des Teams. Der Prozess der Teamentwicklung wird meist durch einen Teamcoach oder Teamentwickler unterstützt und hat das Ziel, ein funktionstüchtiges, gut zusammenarbeitendes, leistungsfähiges Team aufzubauen. Hilfreich dafür ist, wenn zu folgenden Aspekten Konsens herrscht (Vgl. Poggendorf, S. 32):

- Es gibt ein gemeinsames Verständnis bzgl. des gesetzten Ziels und dem erwarteten Ergebnis.
- Die Teammitglieder erkennen an, dass sich die Fähigkeiten und Kompetenzen Einzelner gut im Team ergänzen und damit zu etwas Größerem beitragen.
- Es werden gemeinsame Spielregeln festgelegt, die bei der Struktur und der Kommunikation auch gemeinsam verantwortet und eingefordert werden.
- Es gibt ein gemeinsames Führungsverständnis.
- Die Entscheidungsprozesse und die Entscheidungskompetenzen sind transparent und werden eingehalten.

Aufgrund der vorhandenen Teamdynamiken stehen diese Aspekte immer wieder auf dem Prüfstand – und sind meist in Form von gruppendynamischen Prozessen ersichtlich. Bruce Tuckman hat 1965 das Konzept der Teamuhr mit den folgenden vier Phasen einer Teamentwicklung veröffentlicht:

- Forming (auch Gründungs- oder Orientierungsphase genannt)
- Storming (auch Konflikt- oder Nahkampfphase genannt)
- Norming (auch Organisationsphase oder Phase der Vertrautheit genannt)
- Performing (auch Phase der konstruktiven Zusammenarbeit genannt)

Daneben gibt es weitere Modelle der Teamdynamiken, die alle den Aspekt gemeinsam haben, dass sich deren Entwicklungsprozesse selten linear darstellen, sondern meist in Wellen verlaufen. Im besten Fall lässt sich ein Pendeln zwischen den beiden Polen Differenzierung und Integration feststellen, wobei Differenzierung an dieser Stelle als Diskurs zu verstehen ist. Nach einem Diskurs erfolgt in der nächsten Phase die Integration des Gelernten. Dieses Pendeln zwischen Differenzierung und Integration ermöglicht eine Entwicklung im Team. Dazu Abb. 4.1, das den nicht-linearen Teamprozess zeigt.

Mit dieser Entwicklung können auch die Amplituden größer werden, wenn die Inhalte, die zur Differenzierungsphase führen, immer wieder integriert wird. Auf diese Weise werden die Handlungsoptionen für den Einzelnen und die Teams

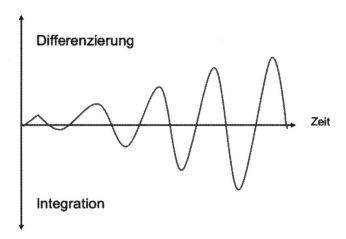

Abb. 4.1 Nicht-linearer Teamprozess zwischen den Polen Differenzierung und Integration. (Vgl. König, Schattenhofer 2006, S. 58)

größer und vielfältiger. Wenn dagegen Teams nur in eine der beiden Richtung streben, dann droht z. B. bei der Integrationsphase der „Wärmetod" (Vgl. König, Schattenhofer 2006, S. 58 f.) – sprich die Teammitglieder agieren zu homogen; bei einem Zuviel an Differenzierung drohen Konflikte, die zu dysfunktionalen Teams und nicht performanter Teamarbeit und letztlich zur Auflösung des Teams führen können.

Wenn Teamentwicklung und entsprechend Teamperformance nicht linear ver- laufen, sondern eher in Wellen, wie kann dann die Resilienz im Team gefördert werden, um widrigen Umständen zu trotzen? Dazu gibt das folgende Kapitel Einsichten.

4.2 Resilienz im Team

Nachdem die Begriffe Resilienz auf persönlicher Ebene erläutert und eingeführt worden sind, bleibt die Frage, was diese verschiedenen Ansätze im Teamumfeld bedeuten. In der Teamarbeit ist ein leistungsfähiges Team das Ziel, wobei sich dieses durch einen vertrauensvollen Umgang, transparente Kommunikation, klare Strukturen und ein großes Engagement zur Aufgabenerfüllung auszeichnet.

Generell lassen sich einige Resilienzansätze vom System „Mensch" auf das System „Team" übertragen. Vor allem wenn es zu Stresssituationen und daraus resultierend zu Konflikten kommt. Letztere sind genau die widrigen Umstände, die dann im Bereich der Resilienz im Team eine Rolle spielen und mit Hilfe von Coping-Strategien überwunden werden können.

》⟩   Inwiefern spielen teamdynamische Prozesse eine Rolle innerhalb der
     Resilienz im Team?

Die Resilienz eines Teams ist ebenfalls ein dynamischer, aktiver Prozess, denn je nach Art der widrigen Umstände bzw. Krisen und Anwendung der Coping-Strategien entsteht Entwicklung im positiven Sinne – verbunden mit einer Förderung von Ressourcen – die des Einzelnen und des Teams. Abb. 4.2 zeigt die teamdynamischen Prozesse, die mit dem Pendeln zwischen den widrigen Umständen und dem Coping eine Entwicklung erlaubt:

Die Grafik unterstützt die Sichtweise, dass resiliente Teams sich durch die Bewältigung von widrigen Umständen auszeichnen. Je schneller und besser diese

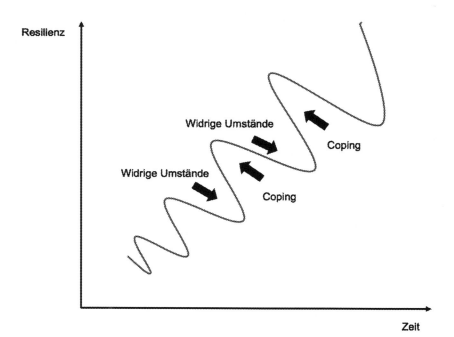

Abb. 4.2 Resiliente Teamentwicklung anhand der Pole widrige Umstände und Anwendung der Coping-Strategie. (Eigene Darstellung)

Bewältigung gelingt, umso leistungsfähiger sind bzw. bleiben Teams. Zudem haben erfolgreiche Teams Muster entwickelt und greifen auf ihre Ressourcen zurück, um widrige Umstände zu bewältigen. Sind Teams dagegen nicht resilient, in dem Sinne, dass sie die widrigen Umstände bzw. Krisen nicht bewältigen können, sind die Folgen dessen Konflikte und ein Stressverhalten im negativen Sinn – was sich auf der Ebene des Individuums und des Teams auswirkt.

▷ Welche weiteren Aspekte aus der Resilienz von Einzelpersonen lassen sich auf die Resilienz im Team übertragen?

- Sobald sich ein Team als selbstwirksam erlebt, wird das eigene Teamerleben im Sinne von Erfolg und Leistungsfähigkeit greifbar. Beispiele dafür gibt es unzählige aus dem Mannschaftssportbereich.
- Das Gefühl der Sinnhaftigkeit im Team wird ebenfalls durch die Frage beantwortet, ob sich die Mühen und die eingesetzte Energie der Teamarbeit auch lohnen. Von Vorteil ist, dass die Sinnstiftung sowohl von einem der Teammitglieder als auch von außen initiiert werden kann.
- Wenn in einem Team bereits resiliente Personen sind, wirkt sich das auf das ganze Team aus: Aus neurologischer Sicht unterstützen Spiegelneuronen die Wahrnehmung der Emotionen und damit das Verständnis im Team. Aus den Studien von Werner ist bekannt, dass Bezugspersonen bzw. Vorbilder für Einzelne die eigene Resilienz unterstützen.
- Eine positive Krisenbewältigung der einzelnen Teammitglieder fördert ebenfalls die Resilienz im Team, da sich das Team und seine Teammitglieder systemisch aufeinander beziehen. Das gilt auch umgekehrt: Eine durch das Team bewältigte Krise fördert die Resilienz des Einzelnen. Damit darf die Schlussfolgerung gezogen werden, dass sich Resilienz auch im Team trainieren und aneignen lässt.

In Summe ist ein resilientes Team die Grundlage für gelingende Teamarbeit in einem sich schnell wandelnden Umfeld. Themen wie die Zunahme an Geschwindigkeit, der Arbeitsdichte und dem Grad der Digitalisierung im beruflichen Kontexten führen vermehrt zu widrigen bzw. herausfordernden Umständen, die es gilt, im Sinne der Resilienz zu bewältigen. Dabei bilden die positiv gemachten Kontrollerfahrungen der Teammitglieder und deren Ressourcen die Basis, um Resilienz aufzubauen bzw. zu erhalten.

Dafür ist die Anwendung der verschiedenen Resilienzfaktoren hilfreich, um Ressourcen transparent und bewusst zu machen und diese anzuwenden. Die Möglichkeiten dazu werden im nächsten Kapitel aufgegriffen.

Resilienzfaktoren

Willst du immer weiterschweifen? Sieh, das Gute liegt so nah.
Lerne nur das Glück ergreifen, denn das Glück ist immer da.

Johann Wolfgang von Goethe

Basierend auf dem Konzept der Schutz- und Risikofaktoren aus den Langzeitstudien wurden Resilienzfaktoren identifiziert, die es erlauben, Resilienz zu fördern.

In den entsprechenden Langzeitstudien wurden Schutz- und Risikofaktoren identifiziert: Dabei erhöhen Schutzfaktoren die Widerstandskraft eines Menschen im Umgang mit schwierigen Situationen, während Risikofaktoren diese belasten bzw. schwächen.

Schutzfaktoren unterstützen bzw. schützen Menschen im Umgang mit widrigen Situationen und werden in die Kategorien innen und außen eingeteilt. Dabei sind innere Schutzfaktoren in der Person selbst begründet wie z. B. persönliche Eigenschaften, Fähigkeiten oder Erfahrungen, während äußere Schutzfaktoren als „resilienzfördernde Umstände, welche ein Mensch in seiner Umgebung vorfindet und für sich nutzen kann…" (Amann 2015, S. 9) definiert werden. Tab. 5.1 zeigt eine beispielhafte Aufstellung der inneren und äußeren Schutzfaktoren.

Neben den Schutzfaktoren gibt es auch Risikofaktoren – diese werden v. a. als entwicklungshemmende Faktoren verstanden und sind einerseits aus dem Kinde heraus als Vulnerabilitätsfaktoren (im Sinne von seelischen Verletzungen in der Kindheit und damit das Gegenteil von Resilienz) erkennbar oder als Stressfaktoren aus dem Umfeld. Letztere beziehen sich vor allem auf das aktuelle Umfeld zum Beispiel im Arbeitsalltag. Beispiele für Stressfaktoren im Arbeitsumfeld gibt es viele, wie diese:

- Unter Termindruck fertig werden
- Soziale Isolation in der Arbeit

M. Huber, *Resilienz im Team*, essentials,
https://doi.org/10.1007/978-3-658-24990-8_5

Tab. 5.1 Innere und äußere Schutzfaktoren. (Vgl. Amann 2015, S. 9 ff.)

Innere Schutzfaktoren	Äußere Schutzfaktoren
Persönliche Eigenschaften wie zum Beispiel wie hilfsbereit oder kommunikativ eine Person ist	**Positive Rollenbilder** wie zum Beispiel Lehrer aus der Kindheit, die einen positiv geprägt haben
Innere Haltungen und Überzeugungen wie zum Beispiel wie optimistisch eine Person ihre Lebenssituation betrachtet	**Stimulierendes Lernumfeld** wie zum Beispiel, dass am Arbeitsplatz Neues ausprobiert werden darf, um zu lernen
Talente und Begabungen wie zum Beispiel welche Talente eine Person und wie sie diese fördert	**Zuverlässige Bezugspersonen,** wie zum Beispiel enge Freunde oder Kollegen, die einen unterstützen oder die um Rat gefragt werden können

- Ständige Erreichbarkeit
- Ungutes Arbeitsklima unter Kollegen
- Etc.

Je besser eine Person die Risikofaktoren mit den Schutzfaktoren ausgleicht, umso besser gelingt ihr das Bewältigen der Situation im Sinne eines Copings dazu. Daraus sind die Resilienzfaktoren entstanden, die sich je nach Buch und Autor unterscheiden. In diesem Buch sind es folgende, die im weiteren Verlauf unterteilt werden nach Grundhaltungen und Handlungsaspekte, wobei es sich sowohl bei den Grundhaltungen als auch bei den Handlungsaspekten um erlernbare Fähigkeiten handelt. Abb. 5.1 zeigt die acht Resilienzfaktoren.

Die genannten Resilienzfaktoren werden an dieser Stelle auf einzelne Personen angewendet, doch im weiteren Verlauf übertragen auf die Belange von Teams.

Die Resilienzfaktoren der Grundhaltung beinhalten dabei folgende Aspekte:

- Optimismus: Mit der Grundhaltung des Optimismus glauben Menschen an die Möglichkeiten eines positiven Ausgangs ihrer Handlungen. Dies impliziert auch eine zuversichtliche Haltung bzgl. der Zukunft – und das vor allem trotz widriger Umstände, die im Moment sein können.
- Akzeptanz: Menschen mit dieser Grundhaltung akzeptieren das Unabänderliche – statt sich daran aufzureiben – und konzentrieren sich auf die eigenen Einflussfaktoren – statt auf das, was außerhalb ihres Einflussbereiches liegt.

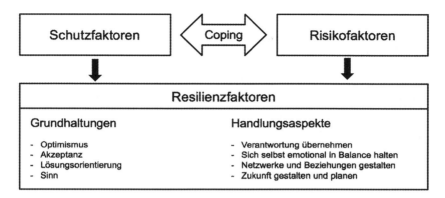

Abb. 5.1 Resilienzfaktoren. (Eigene Darstellung)

- Lösungsorientierung: Mit einer lösungsorientierten Grundhaltung richten Menschen ihre Aufmerksamkeit auf das Mögliche und einen Lösungsraum. Damit werden sie wieder handlungsfähig und fördern verschiedene Optionen für die Zukunft.
- Sinn: Mit einer globalen Orientierung bzw. einem Kohärenzgefühl (nach Antonovsky) ist es Menschen möglich, dem eigenen Handeln Sinn zu geben.

Die Resilienzfaktoren bezogen auf die Handlungsaspekte bzw. erlernbaren Fähigkeiten beinhalten folgendes:

- Verantwortung übernehmen: Menschen, die Verantwortung für sich und ihr Handeln übernehmen, legen ihre Opferrolle ab und nutzen die vorhandenen Handlungsspielräume.
- Sich emotional in Balance halten: Die emotionale Balance immer wieder zu finden ist ein wichtiger Schritt für jeden. Denn dies erlaubt eine „sowohl-als-auch"-Sichtweise z. B. zu den Aspekten Anspannung und Entspannung, Flexibilität und Struktur – und dies auch auf emotionaler Ebene.
- Netzwerke und Beziehungen gestalten: Menschen wünschen sich wertgeschätzt zu werden. Dazu gehört unter anderem auch wertschätzende Beziehungen zu pflegen sowie Unterstützung zu geben und von anderen anzunehmen.
- Die Zukunft planen und gestalten: Menschen, die sich entsprechende Ziele für die Zukunft setzen und verfolgen, kalkulieren Schwierigkeiten ein und erarbeiten alternative Handlungsmöglichkeiten.

Das Prinzip der Selbstwirksamkeit darf dabei allen Resilienzfaktoren unterstellt werden, um generell die Ressourcenbildung und die eigene Entwicklung zu fördern – sowohl bei Teammitgliedern als auch im Team.

Im Folgenden werden die verschiedenen Resilienzfaktoren jeweils aufgegriffen und auf die Belange der Teamarbeit erweitert. Zur Vertiefung der Resilienzfaktoren werden mögliche Modelle, Leitfragen und Interventionsmethoden kurz skizziert. Diese sollen als initiale Anregungen verstanden werden, wie die Resilienz in Teams entwickelt und gefördert werden kann.

5.1   Optimismus

> Um klar zu sehen, genügt oft ein Wechsel der Blickrichtung (Antoine de Saint-Exupery).

▷   Welche Begrifflichkeiten beinhaltet die Grundhaltung Optimismus?

Optimistische Sichtweise bezogen auf Handlungsausgänge, Flexibilität, Zuversicht, Hoffnung, ein positives Selbst- und Weltbild.

Optimismus als Grundhaltung eines Teams ist einer der Schlüssel zum Erfolg. Denn damit einher geht die Lebensauffassung, dass aufgestellte Erwartungen positiv erfüllt werden. Dazu das Beispiel einer Sportmannschaft: Wenn diese nicht optimistisch auf das Spielfeld geht, werden allein aus dieser Grundhaltung heraus Punkte verschenkt. Dabei gilt es zu beachten, dass optimistisch sein nicht gleich zu setzen ist mit positivem Denken, denn bei letzterem wird oftmals die Realität ausgeblendet.

Es gibt drei wesentliche Faktoren, die eine optimistische Haltung fördern (Vgl. Horn, Seth 2013, S. 41 f.).

- Wechsel von Phasen: Positive und negative Phasen wechseln sich ab. Entscheidend ist die Haltung des Teams, d. h. mit welcher Haltung die Teammitglieder den jeweiligen Phasen begegnen. Dieser Aspekt gilt ebenfalls für die Dauer von belastenden Situationen oder Krisen: Resiliente Teams nehmen negative Phasen als solche als zeitlich limitiert wahr und nicht als etwas Immerwährendes.
- Differenzierung statt Verallgemeinerung: Optimistische Teams differenzieren bereits in ihrer Kommunikation, wenn es um Bewertungen und vor allem um gegenseitiges Feedback geht.
- Zuschreibungen: Optimistische Teams nehmen Fehlschläge nicht persönlich und sehen sich nicht als Opfer der Gegebenheiten. Erfolge werden der eigenen Kompetenz, Leistung und damit der Selbstwirksamkeit zugeschrieben.

In der bereits genannten Resilienztheorie nach Kalisch wird ebenfalls den resilienten Menschen ein eher positiver Bewertungsstil zugeschrieben. Das wirkt sich ebenso auf resiliente Teams auf.

▷   **Welche Leitfragen sind hilfreich?**

- Wie positiv ist das Team zur Erfüllung der gemeinsamen Aufgabe eingestellt?
- Wie sicher ist das Team, die gemeinsame Aufgabe unter den gegebenen Umständen erfüllen zu können? Was wäre nötig, um die Sicherheit zu steigern bzw. zu gefährden?
- Wie werden generell mögliche Ausgänge zu Teamentscheidungen und vereinbarten Handlungen bewertet?
- Wie zuversichtlich sind die einzelnen Teammitglieder bezüglich der Zukunft?
- Wie begeistern wir uns gegenseitig, um mit Freude die Arbeiten zu erledigen?

▷   **Welches Modell unterstützt das Verständnis zur Grundhaltung Optimismus?**

Teamarbeit und Kohäsion zwischen den Teammitgliedern verläuft in performanten Teams oftmals in Wellen. Sprich es gibt Phasen, in denen die Teamarbeit sehr gut gelingt und das Team sich miteinander verbunden fühlt und wiederum Phasen, in denen das Team sich auseinanderbewegt bzw. -lebt. Wenn die Handhabung der Teamdynamik gut gelingt, sind Teams auch performant und haben die Chance, sich zu entwickeln. In der Abb. 5.2 wird eine Darstellung

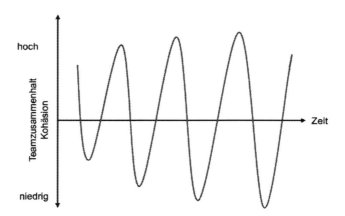

Abb. 5.2   Teamzusammenhalt im Team. (Eigene Darstellung)

gewählt, in der die Phasen der niedrigen und hohen Teamkohäsion in Relation gesetzt wird. Wenn die Teamkohäsion niedrig ist, ist meist auch die Teamperformance entsprechend niedrig.

Anhand dieser Darstellung wird die Integrationsarbeit als etwas Notwendiges wahrgenommen, allein dadurch, dass die Kurve nach unten ausschlägt. Doch was wäre, wenn diese Phasen der Kohäsion und Integration einfach anders auf den Achsen dargestellt werden? Dazu gibt Abb. 5.3 eine Möglichkeit, um dies zu verdeutlichen.

Mit Hilfe dieser Darstellung verändert sich die Sichtweise auf den gegenläufigen Entwicklungsprozess und dessen -zyklen, denn diese werden damit als gleichwertig und sich ergänzend anerkannt.

Optimistische Teams nehmen Differenzierung und den damit einher gehenden Austausch und Diskurs als bereichernd war, da sie um die Bedeutung dieser Phasen wissen.

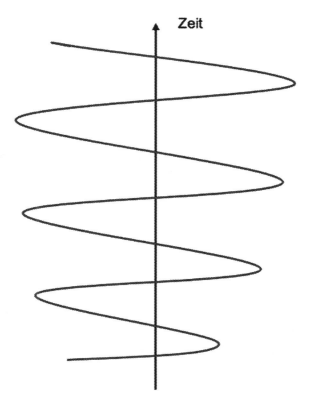

Abb. 5.3 Teamzusammenhalt im Team – in einer gekippten Darstellung. (Eigene Darstellung)

> ▷   Welche Interventionen sind förderlich für die Grundhaltung Optimismus
>   im Team?

Teamboards: In einigen Unternehmen, die bereits die agile Zusammenarbeits-
weise fördern, werden positive Dinge wie Fortschritt in den Projekten oder ähnli-
ches über öffentliche Teamboards transparent für alle im Team kommuniziert. Das
ermöglicht, sich immer wieder auf die gemeinsam erreichten Ziele zu besinnen
und diese anzuerkennen.

Das Gute im Schlechten sehen: Aus systemischer Sicht ist diese Intervention
vor allem in schwierigen Situationen hilfreich, da es den Perspektivenwechsel
unterstützt und damit Lösungsräume schafft. Die Fragestellungen gehen dabei in
folgende Richtung: „Auch wenn wir es im Moment als negativ bewerten – für
was ist das Geschehene gut – im Moment? Oder auch für die Zukunft in ein paar
Monaten? Was können wir daraus lernen?".

Appreciative Inquiry (in Deutsch: wertschätzende Erkundung): Das Konzept
erkundet in verschiedenen Phasen positive Gegebenheiten und fördert damit
gemeinsame Ressourcen und den positiven Umgang im Team. Auch hier gilt das
Prinzip, dass die eigenen „Stärken zu stärken" zur weiteren Entwicklung wesentlich mehr beiträgt, als die Schwächen in den Vordergrund zu stellen.

5.2   Akzeptanz

> Es gibt keinen Weg zum Glück. Glücklich sein ist der Weg (Buddha).

> ▷   Welche Begrifflichkeiten beinhaltet die Grundhaltung Akzeptanz?

Annehmen von Veränderungen und auch Unabänderlichem, Verstehen und
Akzeptieren von Krisen und Problemen als Chance, Offenheit, Gelassenheit,
Achtsamkeit.

Üblicherweise richtet sich das Gehirn darauf aus, Gefahren zu minimieren. Im
heutigen (Arbeits-)Umfeld äußert sich das durch eine vermehrte Fokusierung auf
(mögliche) Probleme. Doch damit wird außer Acht gelassen, was in diesem aktu-
ellen Moment wirklich ist bzw. im Jetzt geschieht. Ansätze aus dem Bereich der
Meditation und Achtsamkeit unterstützen dabei, einerseits Hirnstrukturen zum
Positiven zu beeinflussen (z. B. bei regelmäßiger Meditation und Anwendung acht-
samer Methoden) und andererseits im Team eine Gelassenheit und Achtsamkeit im
Miteinander zu erleben (Vgl. Haas 2015, S. 93 f.). Des Weiteren unterstützen die
Methoden aus der Achtsamkeit wie z. B. das MBSR Programm die Grundhaltung
Akzeptanz. Unzählige Studien haben die Wirksamkeit neurologisch nachgewiesen.

▷   Welche Leitfragen sind hilfreich?

- Wie wird mit unabänderlichen Rahmenbedingungen im Team umgegangen? Werden diese immer wieder infrage gestellt und verbrauchen damit Energie? Oder können diese gut integriert werden?
- Wie achtsam gehen wir als Team miteinander um? Wie präsent ist jeder Einzelne in diesem Moment der Begegnung?
- Was kann das Team selbst beeinflussen? Was indirekt? Und was gar nicht?
- Inwiefern erfolgt eine Abgrenzung bzgl. des eigenen Einflussbereiches im Team? Und außerhalb des Teams?
- Werden Emotionen benannt und verständnisvoll damit umgegangen?

▷   Welches Modell unterstützt das Verständnis zur Grundhaltung Akzeptanz?

In Veränderungsprozessen wird das Modell der Veränderungskurve bzw. Change-Kurve nach Elisabeth Kübler-Ross angewendet. Diese interviewte in den 1960ern in den USA mehr als 200 Menschen, denen mitgeteilt wurde, dass sie unheilbar krank sind. In ihrer Fragestellung fokussierte sie sich rein auf die Emotionen und Gefühle, die auftauchen und von den Personen durchlebt werden und konnte damit ein Muster identifizieren, das aus fünf verschiedenen, meist nacheinander ablaufenden Phasen besteht. Diese sind: Leugnung, Zorn, Verhandeln, Depression und Akzeptanz. Nach der Publizierung haben Wissenschaftler das Modell der „Fünf Stufen der Trauer" auf andere Lebensbereiche, in denen größere Veränderungen stattgefunden haben wie z. B. Verlust von geliebten Mitmenschen, Kündigungen etc., erfolgreich übertragen und angewendet. Damit konnten die verschiedenen emotionalen Phasen besser erläutert werden. Anbei eine kurze Erläuterung der fünf Phasen:

- Leugnung (Denial) – ist die erste Reaktion. Die Menschen möchten die Veränderung nicht wahrhaben oder glauben, dass eine Verwechslung vorliegt und sie nicht die Adressaten der Veränderung sind.
- Zorn (Anger) – sobald die Menschen bemerken, dass die Leugnung der Situation nicht mehr fortgeführt werden kann, sind sie frustriert und werden wütend. Oftmals ist diese Phase mit der Fragestellung „Warum ich?", „Wie kann das nur mir passieren?" und „Wer ist schuldig?" begleitet.
- Verhandeln (Bargaining) – in dieser Phase hoffen und verhandeln die Menschen über die gegebenen Umstände und geloben Besserung.
- Depression (Depression) – die mitgeteilte Nachricht wird zur Realität und die Menschen fallen in eine Depression.
- Akzeptanz (Acceptance) – in dieser Phase fangen die Menschen an, die Situation zu akzeptieren und fügen sich sozusagen den Gegebenheiten. Damit einher geht zudem eine Stabilisierung der Gefühlsachterbahn und Emotionen.

Abb. 5.4 zeigt die Veränderungskurve nach Kübler-Ross.

Die Veränderungskurve ist hilfreich, wenn es darum geht, die eigenen Reaktionen und die gefühlte Selbstwirksamkeit auf Veränderungen nachzuvollziehen. Das unterstützt die Akzeptanz der Emotionen – bei sich selbst und bei den anderen Teammitgliedern.

▷ **Welche Interventionen sind förderlich für die Grundhaltung Akzeptanz im Team?**

Normalisieren bzw. in Relation setzen: Normalisieren bedeutet, dass eine aktuelle Situation mit einer anderen Situation, die als „normal" und damit als sozial anerkannt gilt, verglichen wird. Meist wird damit eine Relativierung der aktuellen Situation erzielt. Dies gilt ebenso für die Anwendung der Change-Kurve und deren Phasen.

Das Gute im Schlechten sehen (siehe oben): Diese Intervention ist ebenfalls förderlich für die Grundhaltung Akzeptanz.

Neubewertung: Eine Neubewertung, wie oben bereits beschrieben, unterstützt ebenfalls den Perspektivenwechsel und erlaubt damit die Möglichkeit zur Akzeptanz.

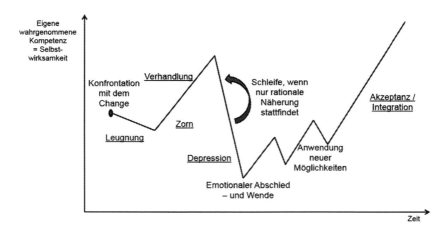

Abb. 5.4 Veränderungskurve nach Kübler-Ross. (https://www.cleverism.com/understanding-kubler-ross-change-curve/. Zugriff am 13.11.2018 mit deutscher Übersetzung der Autorin)

5.3   Lösungsorientierung

Suche nicht nach Fehlern, suche nach Lösungen (Henry Ford).

▶   Welche Begrifflichkeiten beinhaltet die Grundhaltung Lösungsorientierung?

Flexibilität, Loslassen, Gegenwartsbewusstsein, Perspektivenwechsel, Handlungsoptionen, Weg von Problemorientierung.

Eine lösungsorientierte Haltung im Team wird vor allem in der Kommunikation
bemerkbar, wenn lösungsorientierte Fragestellungen den problemorientierten vor-
gezogen und angewendet werden. Dazu zeigt die Tab. 5.2 eine Abgrenzung bzgl.
Problem- und Lösungsorientierung.

Zum besseren Verständnis anbei eine weiter Orientierung bzgl. der Fragerichtungen in der Tab. 5.3.

Diese Fragerichtungen werden in den Leitfragen erneut aufgegriffen.

▶   Welche Leitfragen sind hilfreich?

Tab. 5.2 Problem- und Lösungsorientierung

In der Problemorientierung ist wichtig…	In der Lösungsorientierung ist wichtig…
Das Problem zu untersuchen, Den Grund für das Problem zu kennen, Das Problem zu verstehen und Mithilfe dieser Informationen das Problem zu adressieren	Lösungen oder Teile davon zu erkennen, Ressourcen zu identifizieren, die zur Lösung beitragen, Fortschritt zu erzielen, Pragmatisch zu sein, und Die Lösung zu erarbeiten

Tab. 5.3 Fragerichtungen

Problemorientierte Fragerichtungen fragen nach…	Lösungsorientierte Fragerichtungen fragen nach…
Problemen Ursachen Schuld Scheitern Fehler Widerstände Risiken Vergangenheit Verbesserung Warum	Möglichkeiten Ausnahmen Bedingungen für Erfolg Lösungen Ressourcen Talente Beiträge zur Lösung Erste kleine Schritte Zukunft

- Worauf wird die Aufmerksamkeit gerichtet? Auf das Problem oder vermehrt auf die Lösung?
- Gibt es eine Bereitschaft, das Problem zu lösen und loszulassen? Oder ist der Nutzen durch das Problem größer als die angestrebte Lösung?
- Wie werden bzw. bleiben wir als Team handlungsfähig?
- Haben alle das gleiche Verständnis von dem Problem und seinen aktuellen Auswirkungen? Gibt es Unterschiede in der Wahrnehmung?

▶ Welches Modell unterstützt das Verständnis zur Grundhaltung Lösungsorientierung?

Mithilfe der bereits genannten Fragen kann der Fokus auf den Lösungsraum gelegt werden. Damit bleiben Teams in der Verantwortung und in der Kraft, neues Denken zu ermöglichen. Abb. 5.5 zeigt eine Skizze, wie dies modellhaft dargestellt werden kann.

▶ Welche Interventionen sind förderlich für die Grundhaltung Lösungsorientierung im Team?

Wunderfrage: Diese wird eingesetzt, wenn das Team nach einer Krise die erste Bereitschaft zeigt, Lösungen anzunehmen. Das Team wird aufgefordert, sich eine hypothetische Zukunft vorzustellen, in der alles erlaubt ist und es kein Problem mehr gibt. Diese Vorstellung wird noch vertieft mit den Sichtweisen aller im Team oder mithilfe einer Beschreibung eines Tagesablaufes. Damit werden neue Perspektiven eröffnet, die bisher nur bedingt vorstellbar war, und Lösungsräume angesprochen.

Ressourcen aus der Vergangenheit mit der Team-Timeline: Mit Hilfe einer Team-Timeline werden Geschehnisse aus der gemeinsamen Historie reflektiert. Dabei kann der Fokus auf bewältigte Probleme und deren gewonnene Stärken gelegt werden. Somit werden Ressourcen transparent gemacht, die für die Lösungsorientierung hilfreich sind.

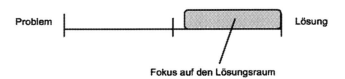

Abb. 5.5 Fokus auf Lösungsraum. (Eigene Darstellung)

Perspektivenwechsel: Der Perspektivenwechsel auf ein Problem ist hilfreich, um mögliche Lösungsräume zu kreieren.

5.4   Sinn

Wer Bäume setzt, obwohl er weiß, dass er nie in ihrem Schatten sitzen wird, hat zumindest angefangen, den Sinn des Lebens zu begreifen (Rabindranath Thakur).

▶   Welche Begrifflichkeiten beinhaltet die Grundhaltung Sinngebung?

Bedeutsamkeit, Werte, Kohäsion, globale Orientierung, Vertrauen, lohnender Ressourceneinsatz.

Laut einer Studie von Tatjana Schnell spielen vier Komponenten eine Rolle, damit Arbeit sinnvoll erscheint (Vgl. Schnell 2018, S. 32 f.):

1. Kohärenz – das bedeutet, dass die inhaltlichen Aufgaben zu den Fähigkeiten und den Gegebenheiten passen.
2. Bedeutsamkeit – das bedeutet, dass der geleistete Beitrag wichtig genommen wird.
3. Orientierung – das bedeutet, dass die Ausrichtung des Unternehmens mit den eigenen Werten im Einklang stehen.
4. Zugehörigkeit – das bedeutet, dass sich Menschen mit dem Unternehmen identifizieren können und damit zu etwas Größerem zugehörig fühlen.

Diese Komponenten können ebenfalls auf Teams und deren gemeinsame Arbeit übertragen werden.

Nach Antonovsky entsteht Sinnhaftigkeit, wenn diese mit dem alltäglichen Tun in Bezug gesetzt wird und sich die Bewältigung der alltäglichen Herausforderungen durch das eigene Engagement und die geleistete Anstrengung auch lohnt.

▶   Welche Leitfragen sind hilfreich?

• Zu welchem Großem und Ganzen tragen wir als Team mit unserer gemeinsamen Teamarbeit sinnvoll bei?
• Zu was trägt jeder Einzelne im Team bei? Auf was darf das Team bei jedem Einzelnen vertrauen? Was bin ich – im Gegenzug – bereit zu geben?
• Welche Werte und Vision unterstützen uns in unserem Tun?
• Wer stiftet Sinn?

▷   Welches Modell unterstützt das Verständnis zur Grundhaltung Sinn?

Das oben beschriebene Kohärenz-Modell von Antonovsky basiert auf den Fragen nach der Sinnhaftigkeit bzw. Bedeutsamkeit und den beiden Komponenten Handhabbarkeit und Verstehbarkeit. Erst wenn diese auch auf der Teamebene beantwortet sind, ist eine globale Orientierung gegeben.

▷   Welche Interventionen sind förderlich für die Grundhaltung Sinn im
       Team?

Reflexionsfragen: Die Beantwortung der Reflexionsfragen dient vor allem dem Lernprozess und dem Sammeln von Einsichten. Beispiele sind: Wer stiftet Sinn in unserem Team? Welche Werte und welches Tun werden damit unterstützt? Wie kann der Sinn noch gefördert werden?

   Storytelling: Mit Hilfe von Storytelling lassen sich eigene Motive, Emotionen und Denkweisen gut vermitteln. Im weiteren Verlauf können Geschichten auch sinnstiftend wirken, da diese die Zuhörer auf mentaler und emotionaler Ebene berühren. Die Leitfrage der Intervention im Team könnte sein: „Warum schätze ich es, ein Mitglied dieses Teams zu sein…" Damit werden weitere Ressourcen im Team gefunden und mithilfe der Geschichten gesichert.

5.5   Verantwortung übernehmen

> Verantwortlich ist man nicht nur für das, was man tut, sondern auch für das, was man nicht tut (Laotse).

▷   Welche Begrifflichkeiten beinhaltet der Handlungsaspekt Verantwortung
       übernehmen?

Opferrolle ablegen, für sich im Team einstehen, für das Team einstehen, Eigenverantwortung übernehmen und bei anderen einfordern, sich abgrenzen, Hilfe sich selbst und anderen zugestehen.

   Verantwortung für das eigene Handeln zu übernehmen ist ein wesentlicher Bestandteil der Resilienz – vor allem auch übertragen auf Teams. Dieser Resilienzfaktor äußert sich in zwei Arten: Die Eigenverantwortung, die jede Person sich selbst gegenüber hat und die Verantwortung gegenüber dem Team. Letztere sorgt für das notwendige Engagement, um die gemeinsamen Ziele zu erreichen.

▶   Welche Leitfragen sind hilfreich?

- Was bedeutet Verantwortung für jeden Einzelnen? Wie ist das ersichtlich?
- Wie kann Verantwortung im Team übernommen werden?
- Welche Verantwortung kann vom Team und den einzelnen Teammitgliedern übernommen werden?
- Welche Handlungsspielräume gilt es auszuschöpfen? Für jeden Einzelnen und für das Team?

▶   Welche Modelle unterstützen das Verständnis zum Handlungsaspekt Verantwortung übernehmen?

Als erstes Modell für die Übernahme von Verantwortung dient das Dramadreieck aus der Transaktionsanalyse, das in vereinfachter Form grundlegende Beziehungsmuster erläutert. In der Kommunikation nehmen Personen eine der folgenden drei Rollen wahr und kommunizieren entsprechend in der Rolle des Opfers, Verfolgers und/oder Retters. Dabei gilt es zu beachten, dass keine der Rollen besser oder schlechter bewertet ist als die andere. Auch wenn es im ersten Moment erscheinen mag, dass der Retter eine positivere Rolle sein mag. Doch selbst ein Retter benötigt, um ein Retter sein zu können, erst einmal ein Opfer. Wenn jeder für sein Denken und Handeln die Verantwortung übernimmt, werden keine Retter benötigt.

Das Dramadreieck trifft auf zwei verschiedenen Ebenen zu:

- Die 1. Ebene betrifft die präferierte Rolle, die einerseits in zwischenmenschlichen Beziehungen als auch in den inneren Dialogen mit sich selbst eingenommen wird. Innere Dialoge sind ebenfalls eine Art mentale Landkarte, die für einen selbst angewendet werden.
- Die 2. Ebene betrifft den aktuellen Gesprächsdialog im Team: Dabei können schnelle Wechsel zwischen den drei Rollen stattfinden und jede Person kann jede Rolle (teilweise unbewusst) einnehmen. D. h., innerhalb eines Dialoges kann eine Person vom Retter zum Opfer und wieder zurück in die Rolle des Retters gehen.

Ebenso können die Rollen auch auf Teamebene oder Organisationen übertragen werden: Zum Beispiel kann die Marketing-Abteilung als Täter gegenüber dem Vertrieb auftreten und umgekehrt – mit dem Fokus, den Kunden zu retten mit ihren Produkten bzw. Services.

Eine Lösung aus dem Dramadreieck geht gewöhnlich mit der Übernahme von Verantwortung einher – und das gilt ebenso, wenn es um die eigene (Selbst-)Verantwortung geht. Abb. 5.6 zeigt die eine bildhafte Darstellung des Dramadreiecks.

Neben dem Drama-Dreieck gibt es ein weiteres Modell: der Circle-of-Influence nach Stephen Covey. Dieser hilft zu unterscheiden, welche Themen vom Team beeinflusst werden können – diese befinden sich im Circle of Influence – und welche nicht (diese befinden damit außerhalb und der Bereich wird Circle of Concern genannt). Abb. 5.7 zeigt das entsprechende Modell.

Mit Concern sind Dinge bzw. Themen gemeint, die das Team betreffen und betroffen machen, allerdings nicht vom Team beeinflusst werden können. Insbesondere eine gemeinsame Sichtweise dessen, was im eigenen Einflussbereich

Abb. 5.6 Drama-Dreieck. (Quelle Wikipedia: https://de.wikipedia.org/wiki/Dramadreieck. Zugriff am 02.10.2018 mit eigener Anpassung: statt Verfolger wurde Täter eingesetzt)

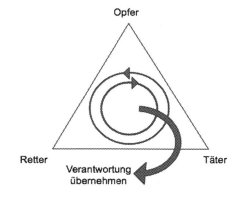

Abb. 5.7 Circle-of-Influence Modell bei Teams. (Vgl. Covey 2006)

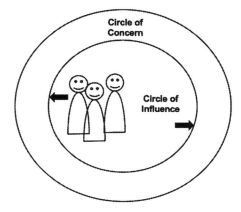

und damit auch in der eigenen Verantwortung liegt, ist besonders förderlich für die Transparenz und Wirksamkeit der Teamarbeit. Zudem besteht die Möglichkeit, den eigenen Einflussbereich zu erweitern.

▶   Welche Interventionen sind förderlich für den Handlungsaspekt Verantwortung übernehmen im Team?

Perspektivenwechsel: Es gibt verschiedene Arten des Perspektivenwechsels, an dieser Stelle wird eine Form gewählt, in der die Perspektive eines „Team-Kritikers" und eines „Lobeshymnenredners" auf die Teamleistungen eingenommen wird: Deren Perspektiven können in einem ersten Schritt erarbeitet und gesammelt und in einem zweiten Schritt reflektiert und mögliche Aktionen abgeleitet werden. Der Perspektivenwechsel unterstützt vor allem bei der Integrationsarbeit.

Teamcharter: Ein Teamcharter ist ein Dokument, in dem gemeinsam Vereinbarungen festgelegt werden und damit Orientierung gibt. Inhaltlich können verschiedene Aspekte definiert werden, dazu eine Auswahl:

•   Den Sinn und Zweck der Teamarbeit festlegen,
•   die Grundsätze, nach denen gehandelt wird,
•   die Ziele und erwarteten Ergebnisse festlegen,
•   die Zuständigkeiten im Team festlegen,
•   die Messung von Ergebnissen festlegen,
•   die Entscheidungsprozesse gestalten und festlegen.

Üblicherweise wird ein Teamcharter zu Beginn einer Teamzusammenstellung erstellt und in definierten Abständen revidiert.

5.6   Sich emotional in Balance halten

Nicht was wir erleben, sondern wie wir empfinden, was wir erleben, macht unser Schicksal aus (Marie von Ebner-Eschenbach).

▶   Welche Begrifflichkeiten beinhaltet der Handlungsaspekt sich emotional in Balance halten?

Umgang mit Stress und Entspannung im Team, eigene Emotionen zu benennen, energetisches Gleichgewicht behalten, Umgang mit Konflikten.

Die emotionale Balance im Team ist ein wichtiger Faktor, um performant sein zu können. Dabei stellt sich die Frage, wie im Team mit Emotionen und Stress generell umgegangen wird – sowohl mit den positiven (Eustress) als auch mit den negativen (Distress). Denn ein Verharren in einem der Extreme ist nicht förderlich: in beiden Fällen sind Erholungsphasen notwendig, um sich zu regenerieren.

Aus neurologischer Sicht ist es bereits von Vorteil, die eigenen Gefühle zu benennen und auszusprechen – und diese nicht zu unterdrücken. Zudem findet mit der Benennung bereits eine emotionale Regulation statt und die Transparenz und Offenheit im Team wird gefördert.

Für eine erfolgreiche Regulierung, die an dieser Stelle als eine Balance herstellen verstanden wird, sind die Erkenntnisse aus dem Lazarus-Modell zur Stressregulierung oder auch nachfolgend zur Optimalen Performance Zone hilfreich.

▶   Welche Leitfragen sind hilfreich?

- Wie fühlt sich eine emotionale Balance im Team an? Woran machen wir das fest? Wie können wir emotional ins Gleichgewicht kommen?
- Wie gehen wir mit Druck bzw. Stress im Team um? Wie mit Entspannung?
- Können wir die Arbeit im Team so strukturieren, dass wir leistungsfähig sind und bleiben?
- Wie kann über Emotionen wertschätzend kommuniziert werden? Benennen wir unsere Gefühle?

▶   Welches Modell unterstützt das Verständnis zum Handlungsaspekt sich emotional in Balance halten?

Aus dem Sportbereich ist die optimale Performance Zone (OPZ) ein bekanntes Modell, das Hinweise auf die emotionale Regulation gibt. Denn Hochleistung im Team ist nur möglich, wenn eine exakte Balance zwischen Anspannung und Entspannung gegeben ist. Abb. 5.8 zeigt die verschiedenen Zonen und wie sich diese auszeichnen.

Um Hochleistung im Team zu erfahren, ist es wichtig, ein Verständnis zu entwickeln, welche Aktionen hilfreich sind, um die OPZ gezielt anzusteuern und zu halten. Dazu sind folgende Techniken hilfreich, um z. B. einen gemeinsamen Workshop im Team durchzuführen:

- Gemeinsame Einstimmung zum Start gestalten
- Rituale leben, z. B. Rückblick auf bereits Geleistetes einfließen lassen
- Routinen identifizieren und etablieren, z. B. eine ähnliche Agenda-Struktur

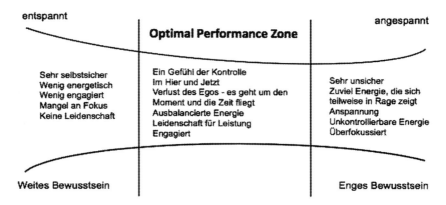

entspannt   angespannt

Optimal Performance Zone

Sehr selbstsicher   Ein Gefühl der Kontrolle
Wenig energetisch   Im Hier und Jetzt   Sehr unsicher
Wenig engagiert   Verlust des Egos - es geht um den   Zuviel Energie, die sich
Mangel an Fokus   Moment und die Zeit fliegt   teilweise in Rage zeigt
Keine Leidenschaft   Ausbalancierte Energie   Anspannung
                           Leidenschaft für Leistung   Unkontrollierbare Energie
                           Engagiert   Überfokussiert

Weites Bewusstsein   **Enges Bewusstsein**

Abb. 5.8 Optimale Performance Zone. (Vgl. Center of Sports and Minds, zugegriffen 20.04.2015, übersetzt und angepasst vom Autor)

- gezielt kleinere Störungen ausblenden, die ablenken
- Präsent sein im Raum
- Etc.

Die Erfahrungen einzelner kann dabei auf das Team übertragen werden.

▷   Welche Interventionen sind förderlich für den Handlungsaspekt sich emotional in Balance halten im Team?

Routinen im Alltag: Werden Routinen bewusst etabliert, dann unterstützen diese beim Energie sparen. Routinen können auf zwei Ebenen etabliert werden:

- auf Arbeitsebene in der Interaktion zwischen den Teammitgliedern da Klarheit und Transparenz herrscht,
- auf neurologischer Ebene im Gehirn, da damit mehr Energie für den präfrontalen Kortex bleibt.

Ein Beispiel dafür kann sein, dass in gemeinsamen Teammeetings eine wiederkehrende Struktur des Ablaufs eingehalten wird mit entsprechenden Leitfragen.

Stressbalance: Mithilfe des OPZ-Modells können verschiedene Ziele bzw. Aspekte, besprochen und Maßnahmen abgeleitet werden. Dafür ist ein erster Schritt, die bestehenden Stressoren zu identifizieren. Diese können folgender Art sein:

- Physikalische Stressoren: Dazu zählen z. B. Hitze, Kälte oder auch Lärm im Büro.
- Mentale Stressoren: Diese entstehen im Zusammenhang mit Leistungsanforderungen, wie z. B. ständiger Zeitdruck, das Gefühl von Überforderung oder eine hohe Verantwortung.
- Soziale Stressoren: Soziale Stressoren sind Anforderungen, die im zwischenmenschlichen Kontakt entstehen, wie z. B. ungelöste, schwelende Konflikte, Konkurrenzsituationen.

Aspekte der gewaltfreien Kommunikation: Die gewaltfreie Kommunikation nach Marshall B. Rosenberg ist mehr als ein Kommunikationskonzept: Es geht um die Entwicklung einer Haltung. Dazu gilt es auch, Gefühle und Bedürfnisse zu kommunizieren.

5.7 Netzwerk und Beziehungen gestalten

Geben und Nehmen, ein Gesetz aller Entwicklung (Christian Morgenstern).

▻ Welche Begrifflichkeiten beinhaltet der Handlungsaspekt Netzwerk und Beziehungen gestalten?

Vertrauen(-skultur) fördern, im Team kommunizieren, Teamspirit fördern, Vielfältigkeit respektieren, auf Augenhöhe begegnen, Konflikte lösen.

Unser Leben wird von Beziehungen bestimmt – mit dem ersten Atemzug beginnend. Damit kommt diesem Resilienzfaktor im Teamumfeld eine besondere Bedeutung zu. Entsprechend groß ist die Auswahl an Modellen und Bezügen.

An dieser Stelle wird auf den Aspekt der Vertrauenskultur eingegangen, die wirkungsvoll die Leistung im Team fördert: „Denn Vertrauen unter Kollegen setzt Stoffe (Anmerkung der Autorin: Oxytocin) im Gehirn frei, die zu mehr Leistung und besserer Zusammenarbeit führen." (Zak 2017, S. 74). Dafür ist es hilfreich, Anerkennung und Feedback zu geben. Bei Letzterem gibt die Rückmeldung aus den Beziehungen wichtige Hinweise über uns selbst bzgl. der eigenen Selbstwirksamkeit. Damit wird Entwicklung gefördert: für den Einzelnen als auch im gesamten Team.

▻ Welche Leitfragen sind hilfreich?

- Wie aktiv gestalten wir unsere Beziehungen im Team? Und außerhalb mit den Stakeholdern?
- Wie transparent gestalten wir unsere Kommunikation – und damit auch die Beziehung untereinander?
- Welche Beziehungen sind energetisch ausgewogen?
- Welche Unterstützung kann ich erwarten und auch geben im Team?
- Wie gehen wir mit Konflikten um?
- Fördern und fordern wir uns im Team auf dem Weg zu Hochleistung?
- Zu welchem Netzwerk hat jedes Teammitglied Zugriff?
- Wie wird das Netzwerk gepflegt und entwickelt?
- Sind wir miteinander verbunden und können uns gegenseitig Feedback geben?

▷ Welches Modell unterstützt das Verständnis zum Handlungsaspekt Netzwerke und Beziehungen gestalten?

An dieser Stelle wird das Riemann-Thomann-Modell in Auszügen dargestellt. Fritz Riemann beschreibt in seinem Buch „Grundformen der Angst", dass Ängste die Antreiber für Handlungen sind und hat entsprechende Persönlichkeitstypen entwickelt. Christoph Riemann hat dieses Modell weiterentwickelt, indem er die Wünsche und Bedürfnisse statt der Ängste genannt hat. An dieser Stelle werden zwei Grundängste und deren Wünsche genannt:

- Die Angst, sich nicht individuell entwickeln zu können, führt zu einem schizoiden Persönlichkeitstyp, der das Denken gegenüber dem Fühlen in seiner Urteilsfunktion bevorzugt und den Wunsch nach Distanz zu anderen hat.
- Die Angst, nicht dazu zu gehören, führt zu einem depressiven Persönlichkeitstyp, der das Fühlen gegenüber dem Denken in seiner Urteilsfunktion bevorzugt und den Wunsch nach Nähe zu anderen hat.

Abb. 5.9 zeigt die Pole Nähe und Distanz und deren weiteren Unterscheidungskriterien.

Abb. 5.9 Riemann-Thomann-Modell in Auszügen. (Eigene Darstellung nach Riemann 1961)

Aufgrund der entwickelten Muster und Prägungen hat jeder Mensch eine Präferenz bzgl. dem Wunsch nach Nähe und Distanz. Die Kenntnis dazu unterstützt, wie Beziehungen entsprechend gestaltet werden können: mehr an Nähe oder an Distanz orientiert.

▶   Welche Interventionen sind förderlich für den Handlungsaspekt Netzwerke und Beziehungen gestalten im Team?

Teamaufstellungen: Die Intervention der Teamaufstellung, in denen die Teammitglieder sich zu diversen Fragestellungen im Raum positionieren, ist eine sehr wirkungsvolle. Damit lässt sich sehr schnell Transparenz herstellen, wie sich die einzelnen Teammitglieder zu den Themen positionieren. Dabei können die Fragestellungen von einfach bis komplex variieren. Ebenso kann das Riemann-Thomann-Modell zur Aufstellung verwendet werden.

Kollegiale Fallberatung: In der kollegialen Fallberatung besteht die Möglichkeit, dass einzelne Problemfälle eingebracht werden und die Teamkollegen dazu Feedback geben bzw. Erfahrungen teilen und dies mit dem Team mitteilen. Damit wird der Erfahrungsschatz aller im Sinne von Ressourcen geteilt.

Zudem sind viele weitere Interventionen möglich und hilfreich – vor allem, wenn es um Konflikte im Team geht.

5.8   Zukunft planen und gestalten

Mut steht am Anfang des Handelns, Glück am Ende (Demokrit).

▶   Welche Begrifflichkeiten beinhaltet der Handlungsaspekt Zukunft planen und gestalten?

Ziele definieren und verfolgen, aktiv die Zukunft planen, Vision gestalten, Vorstellungskraft und Willenskraft einsetzen.

Um eine Zukunft zu planen und aktiv zu gestalten bedingt es Ziele. Diese Ziele sind am besten als Hin-zu-Ziele (statt Weg-Von-Ziele) gemeinsam im Team zu formulieren. Sie beinhalten folgende Aspekte, da diese die Willenskraft fördern (Vgl. Haas 2015, S. 70 ff.):

Bedeutsamkeit	Das Ziel erzeugt bei allen Teammitgliedern eine innere positive Resonanz und damit eine Willenskraft, die die Zielerreichung unterstützt.
Eigene Stärken	Die Stärken im Team und deren Teammitglieder sind im Einklang mit den Zielen. Falls noch Stärken im Team fehlen, die benötigt werden, können diese in der Zukunft erworben werden.
Freude	Die damit verbundenen Handlungen im Team erzeugen Freude. Damit einher gehen eine Dopaminausschüttung und eine Steigerung der Leistungsfähigkeit.

Die gestalterische Komponente des Handlungsaspektes beantwortet die Frage nach dem „Wie?", z. B. „Wie kann das formulierte Ziel bestmöglich umgesetzt werden?"

▶ Welche Leitfragen sind hilfreich?

• Wie sieht die Zukunft für uns im Team aus? Im nächsten Jahr? In 3 Jahren? In 5 Jahren?
• Welche Ziele möchten wir uns als Team setzen? Welche Zwischenziele sind sinnvoll?
• Welche Ziele haben wir? Wie wollen wir diese erreichen? Wie sieht eine entsprechende Planung und Priorisierung aus?
• Erzeugen die Ziele eine positive Resonanz im Sinne der Bedeutsamkeit?

▶ Welches Modell unterstützt das Verständnis zum Handlungsaspekt Zukunft planen und gestalten?

Entsprechend der Bergsteiger-Regel, die lautet: „Niemals auf den Gipfel sehen, sondern immer nur auf die nächsten Schritte achten", ist es hilfreich unter dem übergeordneten Ziel, Zwischenziele einzuführen: Damit wird einerseits das Feld verkleinert und handhabbarer gestaltet und andererseits in der Folge eher zu einer positiven Kontrollerfahrung beigetragen. Das Modell ist des Zielbergs wird in Abb. 5.10 dargestellt und beinhaltet metaphorische Zwischenetappen.

Das Circle-of-Influence-Modell ist ebenfalls hilfreich, um die Zukunft zu gestalten, da es die Klarheit bzgl. der Einflussnahme unterstützt.

▶ Welche Interventionen sind förderlich für den Handlungsaspekt Zukunft gestalten und planen im Team?

Abb. 5.10 Zielberg und
Zwischenetappen. (Eigene
Darstellung)

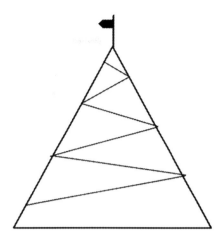

Stärke-Bedeutsamkeit-Freude: Das Team kann für sich die eigenen Stärken, Bedeutsamkeit und die Freude mit dem formulierten Teamziel in Beziehung setzen: Damit besteht die Möglichkeit, weitere förderliche und hinderliche Aspekte zu identifizieren und diese entsprechend zu bearbeiten.

Plan B: Bei dieser Intervention wird Szenarienarbeit verwendet. Das bedeutet, ist für die Zielerreichung ein bestimmter Weg geplant, wird ein zweiter Weg – ein Plan B – zusätzlich erstellt, um sicher sein zu können, dass das Ziel auch erreicht wird, falls Plan A nicht greift.

Beispiel für eine Prozessbegleitung zur Förderung der Resilienz im Team

> *Fokussiere all Deine Energie nicht auf das Bekämpfen des Alten, sondern auf das Erschaffen des Neuen.*
>
> Sokrates

Die Resilienz im Team ist umso besser, je größer das gemeinsame Bewusstsein für die vorhandenen Ressourcen ist. Im Folgenden wird eine mögliche Vorgehensweise für eine Prozessbegleitung anhand eines Workshopkonzeptes zur Förderung der Kenntnisse der Resilienzfaktoren und deren Umsetzung im Alltag skizziert. Es gelten folgende Annahmen: Es gibt ein Team, das nicht neu zusammenkommt, sondern schon eine gemeinsame Historie besitzt, und ein Facilitator begleitet den Prozess. Abb. 6.1 zeigt einen Agenda-Vorschlag inklusive benötigter Zeitfenster. Pausen sind allerdings nicht einkalkuliert.

Zum besseren Verständnis werden die einzelnen Agenda-Punkte aufgegriffen und erläutert:

Agenda-Punkt: Ankommen und Einstieg ins Thema Resilienz Zum Ankommen in den Workshop werden die Teilnehmer nach der Begrüßung über das Ziel des Workshops informiert: Die Resilienz im Team zu stärken und dafür förderliche Ressourcen bewusst zu machen. Anschließend werden folgende Leitfragen von den Teammitgliedern beantwortet:

- Wie geht es mir im Moment?
- Wenn Sie Resilienz mit einer Metapher beschreiben würden, welche wäre das?
- Welcher Aspekt aus der Resilienz kommt damit zur Geltung?

Der Moderator macht Notizen oder skizziert die Metaphern offen an einem Flipchart.

M. Huber, *Resilienz im Team*, essentials,
https://doi.org/10.1007/978-3-658-24990-8_6

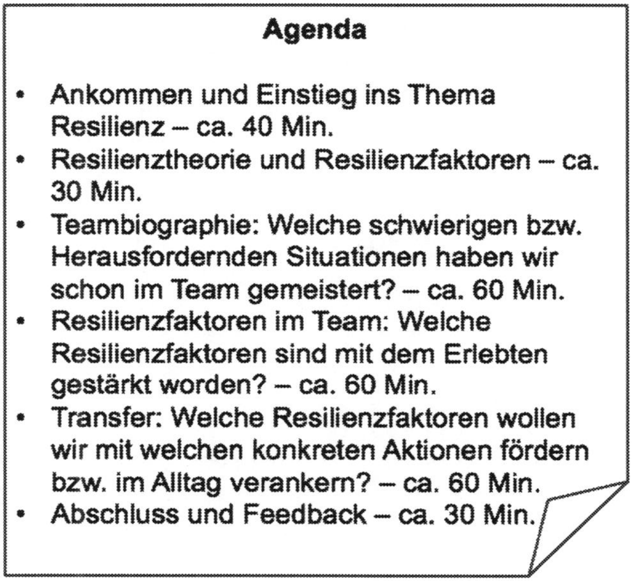

Agenda

- Ankommen und Einstieg ins Thema Resilienz – ca. 40 Min.
- Resilienztheorie und Resilienzfaktoren – ca. 30 Min.
- Teambiographie: Welche schwierigen bzw. Herausfordernden Situationen haben wir schon im Team gemeistert? – ca. 60 Min.
- Resilienzfaktoren im Team: Welche Resilienzfaktoren sind mit dem Erlebten gestärkt worden? – ca. 60 Min.
- Transfer: Welche Resilienzfaktoren wollen wir mit welchen konkreten Aktionen fördern bzw. im Alltag verankern? – ca. 60 Min.
- Abschluss und Feedback – ca. 30 Min.

Abb. 6.1 Agenda Teamworkshop zum Thema Resilienz. (Eigene Darstellung)

Agenda-Punkt: Resilienztheorie und Resilienzfaktoren Mit diesem Agenda-Punkt erfolgen Informationen zur Resilienztheorie z. B. anhand der Studien und den diversen Resilienzfaktoren. Hilfreich ist, die Informationen grafisch aufbereitet zu vermitteln.

Agenda-Punkt: Teambiografie: Welche schwierigen bzw. herausfordernden Situationen haben wir im Team schon gemeistert? Mithilfe der Teambiografie können schwierige bzw. herausfordernde Situationen aus der Historie betrachtet werden. Dazu wird eine Zeitlinie aufgezeichnet und die entsprechenden Situationen gekennzeichnet. Es ist hilfreich, bei den verschiedenen Ereignissen auch das Gelernte zu hinterfragen – im Sinne einer Ressourcensammlung und der Transparenz der erlebten Selbstwirksamkeit.

Die Teambiografie erlaubt zudem einerseits eine Würdigung und Wertschätzung, was bisher schon erreicht worden ist, und andererseits ein besseres Verständnis und Verbindung innerhalb des Teams.

Agenda-Punkt: Resilienzfaktoren im Team: Welche Resilienzfaktoren sind mit dem Erlebten gestärkt worden? Im nächsten Schritt werden die verschiedenen Ereignisse im Team mit der Brille der Resilienzfaktoren erneut besprochen. Mögliche Leitfrage sind:

• Welche der Resilienzfaktoren kommen vermehrt vor im Team?
• Welche der Resilienzfaktoren möchten wir mehr beachten?

Das Ergebnis der Leitfragendiskussion fließt in den Transfer ein.

Agenda-Punkt: Transfer: Welche Resilienzfaktoren wollen wir mit welchen konkreten Aktionen fördern bzw. mehr im Alltag verankern? Es werden konkrete Maßnahmen definiert, die das Team umsetzen möchte. Statt Maßnahmen können auch Spielregeln in der Zusammenarbeit abgeleitet werden, auf die sich das Team verbindlich einigt. Ein Beispiel dafür ist, einmal beschlossene Entscheidungen nicht anzuzweifeln, sondern diese im Sinne des Resilienzfaktor Akzeptanz zu akzeptieren und umzusetzen.

Eine weitere Option ist, dass jedes Teammitglied für sich eine persönliche Maßnahme im Sinne der Resilienzfaktoren in Anspruch nimmt und ab dem Tag danach umsetzt.

Agenda-Punkt: Abschluss und Feedback Zum Abschluss des Workshops werden die Teilnehmer gebeten, ihr Feedback zu geben und die Frage zu beantworten, wie es ihnen jetzt geht.

Das Konzept kann entsprechend erweitert oder angepasst werden. Wenn das Team z. B. gerade erst als solches berufen worden ist, können persönliche Geschichten eingebracht werden, in denen eine schwierige Situation gemeistert worden ist. Damit wird die Chance erhöht, dass sich die Teammitglieder besser kennenlernen.

Was Sie aus diesem *essential* mitnehmen können

- Profunde Basis zum Resilienzkonzept
- Hintergründe zur Bildung von Resilienz bei Einzelnen und in Teams
- Ideen für die Umsetzung und Förderung der Resilienz im Team

© Springer Fachmedien Wiesbaden GmbH, ein Teil von Springer Nature 2019
M. Huber, *Resilienz im Team,* essentials,
https://doi.org/10.1007/978-3-658-24990-8

Literatur

Amann, E.: Resilienz. Haufe, Freiburg (2015)

Bengel, J.: Was erhält Menschen gesund? Antonovskys Modell der Salutogenese – Diskussionsstand und Stellenwert; eine Expertise. In: Forschung und Praxis der Gesundheitsförderung. Bundeszentrale für gesundheitliche Aufklärung (BZgA), Köln (2001)

Bengel, J., Lyssenko, L.: Resilienz und psychologische Schutzfaktoren im Erwachsenenalter – Stand der Forschung zu psychologischen Schutzfaktoren von Gesundheit im Erwachsenenalter. In: Forschung und Praxis der Gesundheitsförderung, Bd. 43. Bundeszentrale für gesundheitliche Aufklärung (BZgA), Köln (2012)

Center of Sports and Minds. http://www.centerforsportsandmind.com. Zugegriffen: 20. Apr. 2015

Covey, S.: Die 7 Wege der Effektivität, Prinzipien für persönlichen und beruflichen Erfolg, ungekürztes Hörbuch erschienen am 3. Nov. 2006. Gabal Audio, Offenbach

Duden „Resilienz": https://www.duden.de/suchen/dudenonline/resilienz. Zugegriffen: 26. Sept. 2018

Fröhlich-Gildoff, K., Rönnau-Böse, M.: Resilienz. Reinhardt, München (2015)

Grawe, K.: Neuropsychotherapie. Hogrefe, Göttingen (2004)

Haas, O.: Corporate Happiness als Führungssystem, Glückliche Menschen leisten gerne mehr. Schmidt, Berlin (2015)

Horn, S., Seth, M.: Stressfrei, gerne und erfolgreich arbeiten – Resilienz im Beruf. Herder, Freiburg im Breisgau (2013)

Kalisch, R.: Der resiliente Mensch: Wie wir Krisen erleben und bewältigen. Neueste Erkenntnisse aus Hirnforschung und Psychologie. Piper, München (2017)

König, O., Schattenhofer, K.: Einführung in die Gruppendynamik. Carl-Auer, Heidelberg (2006)

Poggendorf, A.: Angewandte Teamdynamik, Methodik für Trainer, Berater, Pädagogen und Teamentwickler. Cornelsen, Berlin (2012)

Rampe, M.: Der R-Faktor – Das Geheimnis unserer inneren Stärke. Eichborn, Frankfurt a. M. (2004)

Riemann, Fritz: Grundformen der Angst. Reinhardt, München (1961)

Rock, D.: Brain at Work – Intelligenter arbeiten, mehr erreichen. Campus, Frankfurt (2011)

© Springer Fachmedien Wiesbaden GmbH, ein Teil von Springer Nature 2019
M. Huber, *Resilienz im Team,* essentials,
https://doi.org/10.1007/978-3-658-24990-8

Schnell, T.: Man muss nicht gleich die Welt retten. Harvard Business Manager, Ausgabe Januar 2018, S. 32–35, Hamburg (2018)

Struhs-Wehr, K.: Betriebliches Gesundheitsmanagement und Führung – Gesundheitsorientierte Führung als Erfolgsfaktor im BGM. Springer, Heidelberg (2017)

Zak, P.: Wie Vertrauen die Leistung steigert. Harvard Business Manager, Ausgabe Mai 2017, S. 72–79, Hamburg (2017)

Printed in the United States
By Bookmasters